궁금증이 싹! 풀리는

세상 쉬운
영문법

궁금증이 싹! 풀리는
세상 쉬운 영문법

지은이 유여홍
발행처 시간과공간사
발행인 최훈일
책임편집 함소연
디자인 어퍼스트로피'

신고번호 제2015-000085호
신고연월일 2009년 11월 27일

초판 1쇄 발행 2022년 10월 20일
초판 8쇄 발행 2024년 10월 18일

주소 (10594) 경기도 고양시 덕양구 통일로 140 삼송테크노밸리 A동 351호
전화번호 (02) 325-8144(代)
팩스번호 (02) 325-8143
이메일 pyongdan@daum.net

ISBN 979-11-908183-17-9 (13740)

궁금증이 싹! 풀리는

세상 쉬운
영문법

윤여홍 지음

시간과공간사

문법은 암기가 아닌 이해의 영역

학생 시절 제게 영문법은 너무 불합리해 보였고, 꼴도 보기 싫은 영역이었습니다. 그랬던 제가 어떻게 영문법 선생이 될 수 있었을까요? 공부에는 도통 관심이 없었던 제가 고3이라는 힘든 시기를 보내던 어느 날, 이런 문제를 만나게 되었습니다.

The leaf turned (yellow/yellowly).

제가 아무리 공부에 관심이 없었다 해도 **leaf**는 '나뭇잎', **yellow**는 '노란색의', **yellowly**는 '노랗게'라는 것 정도는 알았고, 그래서 너무나도 당연하게 '**yellowly**'를 정답으로 골랐습니다. 그런데 틀린 거예요! 이런 문제가 3개나 있었는데 전부 같은 이유로 틀렸습니다. 도저히 이해가 안 가서 질문도 해 보고 해설도 찾아봤지만 전혀 이해가 되지 않았어요. 해설에는 "**turn**이 2형식 동사여서 형용사보어를 취한다, 부사는 올 수 없다"라고 되어 있고, 심지어 "나뭇잎이 노랗게 변했다"라고 해석되어 있었는데 말이죠.

주변에 질문해 봐도 "원래 영어는 그런 거야, 그냥 외워"라는 대답뿐. 원래도 공부에 흥미가 없었던 저는 이 일로 인해 영문법은 불합리하고, 영어는 재미없다는 생각을 굳히고 영어와는 담을 쌓았습니다. 비겁한 변명일 수도 있겠지만, 결국 저는 수능 시험에서 매우 저조한 성적을 받게 되었고 집에서 아주 멀리 떨어진 대학으로 진학하게 되었습니다. 그리고 영어는 저와는 먼 얘기가 되어 버렸죠. 그러다 군에 입대했고, 군 생활 동안 마음을 다잡고 공부해 편입을 하겠다는 결심을 하게 되었습니다.

전역과 동시에 대학교 2학년을 마치고 편입 준비를 시작하면서 그렇게 다시 영어와 마주하게 되었습니다. 편입 시험이 곧 영어 시험이었기 때문이었죠. 그리고 어느 날 영문법 수업을 듣던 중 고등학교 시절 그 문제를 다시 만나게 됩니다.

The leaf turned (yellow/yellowly).

하지만 이번엔 달랐습니다. 저를 가르쳐 주셨던 선생님께서 이 문제의 정답이 왜 **yellowly**가 아니라 **yellow**인지를 이해시켜 주셨기 때문이었어요. **태어나서 처음 알게 된 형용사(adjective)와 부사(adverb)의 원리!**

문법은 단순히 암기하는 것이 아니라 이해의 영역임을 깨닫게 되었고, 그동안 영문법은 무조건 외우는 거라고만 생각했던 제게 엄청난 감동이 밀려왔습니다. 그렇게 제게 영문법은 세상에서 가장 싫은 과목에서 가장 좋아하는 과목이 되었고, 수험 생활 1년 후 편입에 성공해 영어영문학과로 진학하게 되었습니다. 이후에도 저는 수험생 시절 다녔던 학원에서 아르바이트를 하면서 학생들에게 제가 느꼈던 그 감동을 전하고 싶은 마음에 더더욱 열심히 영문법 공부에 매진했습니다. 그러다 보니 운 좋게도 기회가 닿아 제가 편입을 준비한 바로 그 학원에서 일하게 되었습니다. 일을 시작한 이후로 지금껏 저는 '**어떻게 하면 학생들이 더 쉽게 영문법을 이해할 수 있을까? 내가 그랬던 것처럼 다른 학생들도 문법이 얼마나 재밌는 과목인지 느끼게 해 주고 싶다**'는 생각으로 늘 고민하고 학생들과 대화해 왔어요.

참 신기하죠? 이 정도면 완벽하다고 생각하다가도 학생들과 대화하다 보면 또 부족함이 느껴지고, 다시 열심히 공부해서 더 나아졌다 생각할 즈음엔 또 어김없이 부족한 부분이 보이면서 그곳을 다시 채우는 일을 반복했습니다. 그러다 보니 어느덧 시간이 이렇게 흘렀네요. 여태껏 일하면서 만났던, 저를 거쳐 간 학생들이 이 책을 본다면 어떤 반응일까 궁금하기도 합니다.

"다들 잘 지내고 있는지요?"

저는 여전히 공부하고 있고, 영문법의 매력에 푹 빠져 있어요. 더 노력해서 더 많은 학생들이 영문법을 좋아할 수 있게 만들고 싶어요. 이 책이 끝이 아니라, 여러분과 더 자주 볼 수 있는 계기가 되었으면 좋겠다는 생각이 듭니다.

제게 책을 쓸 수 있는 기회를 주신 시간과공간사의 최훈일 팀장님, 저와 같이 영어 교육의 길을 걷고 있는 든든한 동기 준호 형, 학원에서 늘 큰 도움 주시는 우리 동료 선생님들, 직접 뵌 적은 없지만 이런 기회를 만들어 주신 유튜브 구독자님들, 늘 내 편인 우리 가족, 그리고 제가 영문법을 좋아하게 만들어 주신 김현욱 선생님, 마지막으로 늘 곁에서 저를 응원해 주는 사랑하는 아내에게 감사의 인사를 전합니다.

2022년 9월
윤여홍

How to use this book!

책의 활용법 및 드리고 싶은 말씀

이 책은 여러분 스스로 영문법을 공부할 수 있도록 만든 교재입니다. 10년 가까이 학생들을 가르치면서 제가 항상 고민했던 것은 "영어를 처음 공부하는 사람들이 가장 어려워하는 게 뭘까?" "왜 문법을 이렇게 싫어하는 걸까?"였습니다. 그리고 오랜 시간 수많은 학생들과 대화하고 끊임없이 공부하며 그 고민에 대한 해답을 찾아 나갔습니다. 그러한 노력의 결실이 바로 이 책입니다.

책을 엮으면서 다른 어떤 것보다 가장 중요하게 생각한 포인트는 **'단순 암기가 아닌 한국에서 태어나고 자란 사람이 이해하기 쉽게 만들자'**였습니다. 책에서 모든 영문법을 다 설명해 드릴 수는 없지만 영문법을 가르치면서 많은 학생들이 공통적으로 힘들어하고 이해하지 못했던 영역들 위주로 내용을 엮었습니다. 무엇보다 아래와 같이 책을 활용한다면 더욱 효과적인 학습이 가능할 거예요. 아무쪼록 이 책을 통해 여러분과 영문법이 가까워지는 계기가 마련된다면 정말 좋겠습니다.

1. 배우지 않은 것은 다루지 않는다!(차례대로 익혀 나가면 누구나 따라올 수 있도록 구성)

영문법을 처음 공부하는 사람들이 가장 어려워하는 것 중 하나! 아래와 같이 기본 영어 문장을 예시로 들고,

Tom looks happy.

이렇게 '주어와 동사 뒤에는 보어가 옵니다(2형식)'라고 가르쳐 주는 것까지는 좋은데, 그리고 나서 연습 문제라고 던져 주는 문장을 보면,

Tom who has many friends all around the world looks really happy.

흠, 당황스럽죠? 하지만 이 문장도 똑같은 '주어+동사+보어'로 이루어진 문장입니다. 다만 여기에 이런저런 문법 요소들이 섞여 들어가면서 문장이 복잡해진 거예요. 정말 아쉬운 부분은, 이 섞여 들어간 문법 요소들에 대해 어떠한 설명도 없이 저렇게 어려운 예문을 주면 그나마 있던 학습 의지도 꺾여 버린다는

겁니다. 이런 부분들을 보완해 여러분께 가장 효과적이고 능률적인 학습서를 제공하고 싶었습니다. 그래서 아직 배우지 않은 부분은 아예 빼놓고, 배운 내용만을 토대로 하나씩 하나씩 늘려 가는 구성을 통해 책의 마지막쯤에 이르렀을 때는 어려운 문장도 거뜬히 볼 수 있는 능력을 키울 수 있도록 준비했습니다.

2. 궁금증을 유발하고 함께 해결하면서 즐겁게 체득하는 문법

여러분은 지금껏 '문법은 꼭 익혀야 한다, 그리고 외워야 한다'고만 알고 있었지 '왜 배워야 하는지'에 대해 생각해 본 적이 있나요? 모름지기 공부란 모르는 것을 차근차근 알아 가는 재미가 있어야 하는데, 이제껏 우리는 '필요하다니까 배운다'는 마음 자세로 공부를 해 온 건 아닐까 하는 생각이 듭니다.

이 책은 이제껏 여러분이 배워 온(외워 온!) 문법들을 또다시 주르르 나열하는 방식이 아닌, "이걸 왜 알아야 하지?"라는 궁금증을 던지고 함께 그 궁금증을 해결해 나가면서 자연스럽게 문법을 익힐 수 있도록 각 장을 구성했습니다. 이 책으로 공부하는 여러분이 영문법도 재미있을 수 있다는 걸 꼭 알게 되면 좋겠습니다!

3. 유튜브와의 연계

각 장의 내용과 관련해 더 깊이 있는 학습을 원한다면 QR코드를 찰칵 찍어 주세요. 책을 한 번 쭉 훑어보고 나서 유튜브에 올린 관련 영상까지 정주행하면 훨씬 이해가 잘 될 거예요.

4. 연습(practice) 또 연습!

이 책 덕분에 이제 영어 문법은 다 이해했다고 생각하신다면 물론 너무 감사합니다만, 다시는 잊어버리는 일 없이 이 지식이 온전히 여러분의 것이 되게 하려면 엄청난 연습은 필수입니다. 이해한 내용을 토대로 준비된 연습 문장들을 통해 몇 번이고 복습해 주세요.

※ 영문장의 해석은 영문법 이해를 위해 직역을 원칙으로 했습니다. 그러다 보니 다소 어색한 우리말 문장이 있을 수 있습니다.

Contents

'School'은 학교일까요?

1~5형식, 꼭 공부해야 하나요?

궁금증 3   어려운 전치사, 해결 방법 없을까요?(feat. '구'에 대하여)

궁금증 4   나는 사과를 먹는다 → I eat apple? No!

궁금증 5 동사에 to나 -ing는 왜 붙이는 건가요?

궁금증 6 과거분사(p. p)가 도대체 뭔가요?

궁금증 7

who, that, whom, 그리고 because는 왜 필요한가요?
(feat. '절'에 대하여)

궁금증 8

영어의 시제는 어떻게 공부하나요?

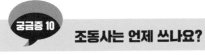

영어에서 도치는 왜 중요할까요?

비교는 어떻게 하나요?

궁금증 1

'School'은
학교일까요?

school이라는 단어, 모르는 사람 없겠죠? 'school = 학교'
우리 모두 이렇게 알고 있는 것 맞죠? 자, 그러면 아래 문장을 함께 해석해 볼게요.

A person schools in the paddock.

아, 단어의 뜻도 알려 드릴게요.

- **person**   사람
- **school**   학교
- **paddock** 방목장

자, 그럼 해석해 볼까요?
사람…… 학교…… 방목장…… 에서? 흠, 잘 안 되나요?
그렇다면 지금부터 이 문장의 진실을 파헤쳐 봅시다! 그런데 그 전에 여러분께 묻고 싶은 게 있습니다.

도대체 왜!
여러분은 영문법을 싫어하나요?

수 일치 꿀팁 궁금하신가요?

한국어와는 다른 영어의 단어 활용

(feat. 수 일치를 하는 이유)

"문법 하면 떠오르는 이미지가 뭔가요? 무엇이든 좋으니 얘기해 주세요."

여태껏 수많은 학생들을 가르치면서 첫 시간이면 꼭 물었던 질문입니다. 이렇게 물으면 쏟아져 나오는 대답은 '딱딱하다, 무조건 외워야 한다, 재미없다, 하기 싫다' 등 문법을 가르치는 선생으로서는 참 씁쓸한 순간이 아닐 수 없었죠.

아마도 학교 시험이나 각종 자격시험에서 좋은 점수를 얻기 위해 공부했던 것이 문법이 미움 받는 이유가 아닐까 생각합니다. 목적이 잘못 되었다고 할까요? 영문법 공부가 영어 실력을 높이는 데 어떻게 도움이 되는지 알고 접근한다면 즐겁게 공부를 할 수 있을 텐데 말이죠. 바로 그런 계기를 만들어 드리려고 합니다. 자, 그 시작은 바로 바로,

수 일치!

'영어에서 주어와 동사는 수 일치를 해야 한다'라는 말은 이미 많이 들어 보셨을 거예요. 그럼 먼저 여러분이 평소에 배우던 방식대로 한번 설명해 볼게요.

수 일치는 어떻게 하는 걸까요? 대부분의 문법책에서는 수 일치의 정의를 **'주**

어가 3인칭 단수일 때 동사에 s를 붙이는 것'이라고 얘기합니다. 그러므로 이 설명을 먼저 하고 넘어갈게요.

나 = 1인칭(I)

너 = 2인칭(you)

나와 너를 제외한 나머지 = 3인칭(he, she, it, person, boy……)

또한 단수는 '한 명' 혹은 '한 개'를 뜻하고 복수는 '여러 명' 혹은 '여러 개'를 뜻하죠. 그래서 하나일 때는 명사 앞에 'a'를 붙여서 **a girl**(한 명의 소녀)로 표현하고, '단수'가 둘 이상일 때는 명사 뒤에 '-s'를 붙여서 **girls**(소녀들)로 표현하며 '복수'라고 부릅니다. 그러니 이를 토대로 아래와 같이 '수 일치'를 하면 됩니다.

A girl sings.

여기서 주어가 **A girl**(한 명의 소녀)로 '3인칭 단수'니까 동사인 **sing**에 **s**를 붙이는 겁니다.

Girls sing.

그런데 이렇게 주어가 **Girls**(소녀들)로 '복수'가 되면 동사에 **s**를 붙여서는 안 됩니다. 이때 이 문장들의 구조를 분석해 보면

A girl sings.
　S　　　V

Girls sing.
　S　　　V

여기서 **girl**을 주어(Subject)라고 부르고 **sing**을 동사(Verb)라고 부르며, 각각 S, V로 간단하게 표시할 수 있습니다. 이것이 여러분이 알고 있는 수 일치의 기본입니다.

자, 그런데 말입니다. 이런 설명, 재미있나요? '아, 또 외워야 하네'라는 생각이 드나요? 분명히 저렇게 수 일치를 하는 것이 맞습니다. 그렇긴 한데, 뭔가 보기 싫은 건 기분 탓일까요? 1인칭이니 2인칭이니 3인칭이니 할 때부터 뭔가 복잡한 길로 들어섰다는 기분이 드는 건 어쩔 수가 없단 말이죠. 그래서! 지금부터는 보는 시각을 조금만 바꿔 보겠습니다.

수 일치를 할 때 인칭이니 단수니 뭐니 다 떠나서!

주어에 **-s**가 없으면 동사에 **-s**가 있고,
S<small>s</small>   V<small>s</small>
주어에 **-s**가 있으면 동사에 **-s**가 없다.
S<small>s</small>   V<small>s</small>

A girl sing**s**.
Girl**s** sing.

첫 번째 문장 **A girl**에 s가 없죠? 그래서 동사 **sing**에 s가 있어요. 두 번째 문장 **Girl**에 s가 있죠? 그래서 동사 **sing**에 s가 없어요. **be**동사는 어떨까요?

A girl **is**
A girl **was**

Girl**s** **are**
Girl**s** **were**

하나 더 볼게요. **have**동사 아시죠?

A girl ha**s**

Girls have

그럼 **do**동사는?

A girl doe**s**

Girls do

모아 놓고 볼까요?

A girl sing**s**

    i**s**

    wa**s**   → 주어에 s가 없어서 동사에 s가 붙어 있음

    ha**s**

    doe**s**

Girl**s** sing

    are

    were   → 주어에 s가 있어서 동사에 s가 없음

    have

    do

어때요? 너무 간단하죠? 한눈에 수 일치가 보입니다. **s가 핵심이었던 거죠!**
보는 시각이 조금 달라졌나요? 조금 더 연습해 볼게요.

The book looks good.
The books look good.

A student is happy.
Students are happy.

The expert does it.
The experts do it.

그렇죠? 위 문장 모두 주어에 s가 없을 때 동사에 s가 붙어 있고, 주어에 s가 붙어 있으면 동사에 s가 없어요. s가 이렇게 중요합니다!

자, 이제 더 중요한 얘기로 넘어가겠습니다. 수 일치를 해야 한다는 것, 하는 방법, 이제 모두 알았습니다.

그렇다면 수 일치는 대체 '왜?' 하는 걸까요?
이 질문에 대답할 수 있는 사람, 손!

우리는 지금까지 '수 일치를 해야 한다'라고만 배웠지, 수 일치를 왜 하는지에 대해서는 생각해 본 적이 없어요. 저는 이런 학습법이 늘 아쉬웠습니다.

지금부터 수 일치를 하는 이유를 보여 드릴게요! 아래 단어들을 봐 주세요.

- **person** 사람
- **school** 학교
- **paddock** 방목장

자, 단어의 뜻을 전부 알려 드렸어요. 그럼 아래 문장을 읽고 해석해 볼까요?

A person schools in the paddock.

사람…… 학교…… 방목장에서? 이게 뭐지??

자, 그럼 이제 앞서 이야기한 '수 일치'를 생각해 봅시다. **A person**에 s가 없죠? 그런데 **school**에 s가 있네요? 네! 맞습니다. 수 일치가 되어 있죠? 그래서 위 문장에서는 **A person**이 주어가 되고, **school**이 동사가 됩니다! 자, 이제 이해가 되나요?

'주어와 동사를 구분해 주는 것'
이것이 바로 수 일치를 하는 이유!

A person schools in the paddock.
　　　S　　　　V

이제 이 문장이 조금 다르게 보이나요?

이제는 수 일치를 통해 주어와 동사가 구분되었으니, "어떤 한 사람이 목장에서 **school**한다" 정도의 해석은 가능하겠죠? **school**이 무슨 뜻인지 모른다고 해도 말이에요. 왜냐하면 수 일치가 되어 있으니까요!

자, 그럼 다음 문제를 해결합시다. **school**이 동사인 건 알겠는데, 동사로 쓰일 때는 무슨 뜻이지?

그렇습니다! 동사인 걸 알아도 뜻을 모르니 다음 단계는 사전을 찾는 겁니다! **school**을 사전에서 찾아 동사의 의미를 확인해 보면 **'말을 타고 들판을 횡단하다'**라는 뜻이 있습니다. (황당하겠지만 사실입니다!)

school	🔍

1 (시설로서의) 학교; (대학과 대비해서) 고등학교
2 교사, 교실, 교장; 강당
3 학교(교육)의

(자동사)

1 통학하다.
2 말을 타고 들판을 횡단하다.

어떤 한 사람이 방목장에서 말을 타고 들판을 횡단한다.

그래서 이 정도로 해석이 됩니다. 'school에 저런 뜻이 있었단 말이야?' 조금 충격인가요? 하지만 외우지는 마세요. 제가 이런 예문을 보여 드린 건 수 일치를 왜 해야 하는  지 알려 주고 싶은 마음에서였고, 실제로는 거의 쓰지 않는 표현입니다. (오래전에 제가 공부를 하다가 school이 동사로 쓰일 때 저런 뜻을 가진 것을 보고 충격을 받았던 적이 있어서 학생들에게도 수 일치의 중요성을 알려 주기 위해 종종 써먹고 있습니다.)

즉, 저의 의도는 **'수 일치를 볼 줄 아느냐 아니냐에 따라 문장을 보는 눈이 달라진다'**는 것이었습니다. 우리는 늘 school은 '학교'라는 뜻의 '명사'라고 생각했지만, 자리에 따라 school이 '동사'로 쓰일 수도 있다는 게 보였으면 좋겠습니다.

자, 그럼 수 일치를 왜 하는 건지도 알게 되었으니 다음 문장들을 연습해 볼까요?

$$\underset{S}{\underline{\text{The teacher}}} \; \underset{V}{\underline{\text{wows}}} \; \text{many students}.$$

The teacher에 s가 없고 wow에 s가 붙었죠? 네, 그러면 wow가 동사입니다. school과는 달리 직관적으로 이해가 될 거예요! wow는 감탄사로 '와~' 하는 감동을 표현하죠. 그런데 이 표현이 동사로 사용되었으니, 그 의미를 생각하며 해석해 보세요.

그 선생님은 많은 사람들을 wow하게 한다.
→ 그 선생님은 많은 사람들을 열광하게 한다.

이렇게 해석했다면 아주 Nice!

Friends paint the children for me.
  S   V

자, 이번에는 Friend에 s가 있고 paint에 s가 없죠? 네, 그러면 paint가 동사로 사용되었습니다. paint가 명사일 때는 '물감, 도료'라는 뜻인데, 동사로 사용되면 '물감을 칠하다 → (물감으로) 그림을 그리다' 정도로 해석이 가능합니다.

친구들이 나를 위해 그 아이들을 그려 준다.

따라서 이렇게 해석하면 되겠습니다. 어렵지 않죠? **s를 통해 '문장에서 주어와 동사를 구분'해 주는 것!**
하지만 이게 다가 아닙니다. 바로 다음 궁금증으로 넘어가 볼게요!

영어의 시제는
어떻게 표현할까요?

주어를 He로 두고, **work**라는 동사의 과거시제를 표현해 볼게요. 우리가 흔히 동사의 3단 변화라고 부르는 것에서 2번째 나오는 형태를 **동사의 과거형**이라 부르고, 보통 -ed를 붙입니다.

He worked. 그는 일했다.

이렇게 말이죠. 그렇다면 미래는 어떻게 표현할까요? 여러 가지 방법이 있지만, 일단은 **will**을 이용합니다.

He will work. 그는 일을 할 것이다.

과거시제는 -ed를, 미래는 **will**을 붙여서 표현한다고 보면 됩니다. 자, 그렇다면 **현재시제**는 어떻게 표현할까요?

맞습니다! 수 일치를 하는 거예요! **수 일치가 되어 있으면 그것이 바로 현재시제**입니다. 수 일치는 현재시제에만 하거든요. (유일한 예외로 **be**동사만 과거시제일 때 **was, were**로 수 일치를 하긴 합니다. 그 외에는 100%! 현재시제에만 수 일치를 합니다.)

He works. 그는 일한다.

이렇게 쓰면 현재시제가 되는 거죠.

> He is working. (현재진행), He has worked. (현재완료)
> 이들 이름에도 '현재'가 들어가므로 수 일치를 합니다. ☺

그럼 이제 결론을 내려 보겠습니다.

**수 일치는 '-s'를 이용하고, 수 일치를 하는 이유는
첫째, 주어와 동사를 구분하고,
둘째, 시제가 현재임을 나타내 주기 위해서!**

주어와 동사는 언제나 이렇게 수 일치를 하고 있었습니다! 여러분도 이제는 동사를 볼 때마다 달리 보이겠죠?

-s를 이용한 주어＋동사의 수 일치

아래 문장을 해석해 보세요!

1   The student finds social media platform.
    →

2   The company ships the goods to the city.
    →

3   The train starts from London on time.
    →

4   Directors film the show in New York.
    →

5   The earth turns around the sun.
    →

6   Humans travel on water.
    →

※ 정답과 해설은 p.343.

- social media platform 소셜미디어 플랫폼
- company 회사
- ship (배로) 운송하다
- goods 상품
- on time 제시간에
- director 감독
- film 촬영하다
- around ~주위에
- travel 이동하다

지금까지 배운 내용 중에서 조심해야 할 사항 몇 가지를
알려 드릴게요. s를 이용해 수 일치를 할 때 간혹 이런 경우
가 발생합니다.

수 일치 왜 하는지
궁금하신가요?

People make it.

People에 s가 없는데 동사에도 s를 붙여 주지 않았죠? 이유는 간단합니다.
people의 뜻이 '사람들'이기 때문이죠. 대부분의 명사들은 s를 이용해서 '복수'
를 나타내지만, 몇몇 명사들은 s 없이도 복수의 의미를 갖습니다. 이런 단어들
은 예외로 암기가 필요합니다.

The news makes me surprised.

이 문장의 경우 **The news**에 이미 s가 붙어 있는데 동사에도 s를 붙였습니
다. **news**라는 단어에 이미 s가 포함되어 있기 때문이죠. 이런 단어들도 예외적
인 경우입니다.

They are
We are

인칭대명사의 경우 단어 자체가 '복수'의 의미를 가진 경우가 있습니다.
They(그들), **We**(우리들)의 경우에도 주어에 s가 없지만 그렇다고 동사에 s를
붙이지는 않겠죠?

이런 예외들이 생기는 이유는 뒤로 가면서 차차 알게 되겠지만, 기본적으로는 영어라는 언어가 워낙 다양한 언어들이 모여 만들어졌고 오랜 시간이 지나면서 문법도 변했기 때문이에요. 예를 들어 **news**의 경우는 **new**에 **s**를 붙여 '새로운 것들'이라고 쓰던 표현이 시간이 지나면서 일반적인 명사처럼 굳어 버렸고 현재에는 통째로 하나의 명사처럼 쓰게 된 거죠. 이런 예외들이 종종 존재합니다. 하지만 중요한 것은 **s를 이용해서 수 일치를 하지 않는 경우는 전체의 5%도 안 된다**는 사실이에요. 따라서 기본적인 큰 틀(**s**의 유무로 수 일치 하기)을 이해한 후 예외적인 상황(**people, news, we** 등)을 추가하면서 공부하는 것이 가장 좋은 방법입니다.

자, 이제 이 책이 어떤 방향으로 여러분을 인도할지 감이 오나요? 앞으로 이렇게 쭉 진도 나갑니다!

1. 먼저 여러분의 호기심을 유발하는 문제를 제기할 겁니다. **A person schools in the paddock**. 무슨 뜻이죠?

2. 다음으로 지금까지 미처 몰랐던 문법의 진실을 파헤칩니다.

수 일치는 -s를 활용하고, 수 일치가 필요한 이유는 주어와 동사를 구분하고 현재시제를 나타내 주기 위해서이다.

3. 그리고 배운 범위를 벗어나지 않는 연습 문제를 풀어 본 뒤 지금껏 배운 내용에 덧붙여 보충 설명도 할 겁니다. **친절한 윤쌤의 해설, 더 친절한 윤쌤의 보충 설명**으로 Go! Go!

좋아요. 모두 준비됐죠? 그럼 이제 정말 본격적으로 시작합니다!

1~5형식,
꼭 공부해야
하나요?

이 장에서는 '형식'에 대해 이야기해 보려고 합니다. 1~5형식 이론에 관해서는 많은 분들의 의견이 분분해요. "이런 걸 굳이 배울 필요가 있느냐" "이걸 알아서 어디에 쓰느냐" "5형식은 일본에서 넘어온 의미 없는 이론이다" 등등. 사실 안 좋은 얘기가 많죠. 지금부터 이러한 의견들에 대해 재미있게 이야기 나눠 볼게요!

  5형식의 유래가 궁금하신가요?

5형식이 한국에 퍼진
이유와 그 가치에 관하여

우리나라 사람들 중 문장의 5형식에 대해 들어 보지 않은 사람은 거의 없을 겁니다. 또한 이 5형식 이론에 대해 '**일본의 잔재다**', '**5형식 같은 거 몰라도 문장 보는 데 아무 문제없다**' 등의 이야기도 들어 보셨을 거예요.

저의 입장은, 결론부터 말씀 드리면 '**몰라도 되지만 알아서 나쁠 건 없다**' 정도입니다. 제대로 이해하고 나면 실제로 영어 문장을 대할 때 모든 문장을 5형식으로 구분하여 쉽게 파악할 수 있으므로 긍정적으로 생각하고 있어요.

5형식론은 1800년대 말 어니언C. T. Onion이라는 영문학자가 최초로 주장했다고 알려져 있는데, 이 이론을 일본에서 차용했고 이것이 일제강점기를 거치며 우리나라에 넘어오면서 퍼지게 되었다고 해요. 이런 이유로 일본의 잔재라는 오명을 쓴 것이 아닌가 생각합니다.

다만 이 5형식론을 알면 편한 부분이 많은 것도 사실이에요. 어떤 영어 문장이 되었건 5형식으로 구분이 가능하기 때문이죠. 물론 제대로 이해했다는 전제하에 말입니다. 대표적으로 2형식, 4형식, 5형식의 경우 문장의 5형식을 제대로 이해하지 못하면 해석이 어려운 경우가 많습니다.

그래서 기습 질문! 아래의 문장들을 해석해 볼까요?

Tom ran mad.
Tom ran madly.
Tom became a doctor.
Long hair becomes him.

I made a doll.
I found the book easy.
I found the book easily.
I make him a doll.
I make him a doctor.

어떤가요? 잘 풀리나요? 위의 문장들이 잘 해석되고 쉽게 풀린다면 5형식을 몰라도 아무 문제없습니다. 하지만 그게 아니라면? 그래도 아무 문제없습니다! 이번 장을 잘 읽고 따라오기만 하면 되니까요. 5형식을 공부하고 나면 자연스럽게 품사의 개념, 자동사와 타동사의 개념, 보어와 목적어의 개념까지 다 이해하게 될 겁니다.

Tom ran mad와 Tom ran madly는 어떤 차이일까요?

(feat. 형용사와 부사)

● 형용사/부사 쉽게 구분하는 방법이 궁금하신가요?
●● 1형식과 2형식이 궁금하신가요?

영어 문장의 모든 틀을 단 두 문장을 통해 알려 드리겠습니다!

귀가 솔깃하시죠? 지금부터 하는 얘기는 제가 여태껏 영문법을 가르치면서 정말 많은 학생들이 헷갈려 하는 부분이기도 하고, 무엇보다 모든 영어 문장의 뼈대가 되는 중요한 얘기이니 집중해 주시기 바랍니다.

먼저 너무너무 쉬운 두 문장을 보여 드릴게요. 조금 과장해서 **이 두 문장을 이해하면 영어라는 언어의 구성 요소 전체를 확실하게 파악**할 수 있게 됩니다. 더불어 우리가 품사라고 부르는 것도요. 그 두 문장이 무엇이냐, 바로 이겁니다!

Tom ran mad.
Tom ran madly.

이 두 문장을 해석해 주세요.

- **run** 달리다 (ran은 run의 과거형)

- **mad** 미친

- **madly** 미친 듯이 (단어 뒤에 -ly를 붙이면 보통 '~하게'라고 해석합니다)

> 이때 단어들의 이름인 '명사', '동사', '형용사', '부사' 등을 '품사'라고 부릅니다. 아직은 몰라도 괜찮아요. 앞으로 저절로 알게 될 테니 지금은 그냥 가볍게 흘려들어 주세요. 😊

자, 해석이 잘 되었나요?

Tom ran madly를 'Tom은 / 달렸다 / 미친 듯이'라고 해석했나요? 네, 매우 훌륭합니다! 그런데 **Tom ran mad**는 어떤가요? 'Tom은 / 달렸다 / 미친??' 흠, 뭔가 쎄~ 하죠?

너무 쉬운 문장임에도 불구하고 의외로 두 문장의 차이를 정확히 이해하고 있는 사람은 드뭅니다. 일단 정답부터 이야기하자면,

Tom ran mad. Tom은 미쳤다.

이 정도로 해석이 가능합니다. 단어 순서대로 문장을 해석하면 '**Tom은 / 달렸다 / 미친**'이 맞는데 왜 이렇게 해석이 되느냐? 왜냐하면 한국어와 영어는 일대일 대응이 불가능하기 때문입니다. **한국어와는 달리 영어에는 '조사' 개념이 없기 때문**이죠.

한국어에서는 조사가 절대적이어서 '은, 는, 이, 가'를 붙이면 주어가 되고, '-

다, -해' 등을 붙이면 동사가 됩니다. 그래서 **Tom** 뒤에 '은'을, **ran** 뒤에 '~다'를 붙여서 해석하는 식이죠.

Tom ran madly에서는 '우연히' 한국어의 어순과 맞아떨어져서, '**Tom**은 / 달렸다 / 미친 듯이'라고 해석이 되었지만, **Tom ran mad**의 경우에는 '**Tom**은 / 달렸다 / 미친'과 같이 어순이 맞지 않아 매끄러운 해석이 불가능했던 겁니다. 그렇다면 이 문제를 어떻게 해결할 수 있을까요?

여러분은 '**형용사는 명사를 꾸미고, 부사는 동사를 꾸민다**'라는 말을 들어 보셨을 거예요. 그런데 혹시 형용사가 왜 명사를 꾸미고 부사가 왜 동사를 꾸미는지에 대해서는 생각해 보셨나요? 바로 이 부분이 우리가 영문법을 공부할 때 가장 중요한 기본 틀이 됩니다!

Tom ran에서 우리는 **Tom**을 '주어'라고 부르고, **ran**을 '동사'라고 부르는데, 영어로는 이렇게 씁니다.

주어 = Subject   동사 = Verb

'형용사'와 '부사'는 각각 이렇게 쓰죠.

형용사 = adjective   부사 = adverb

그런데 이게 왜 중요하냐고요? 형용사와 부사를 영어로 보게 되면 보는 시각이 달라지기 때문입니다. 바로 여기에 답이 있습니다! 한번 유추해 보시겠어요?

Tom   **ran**   **mad.**
Subject   Verb   adjective

$$\underset{\text{Subject}}{\text{Tom}} \quad \underset{\text{Verb}}{\text{ran}} \quad \underset{\text{adverb}}{\text{madly}}.$$

자, 여기서 **adjective**의 **ad**는 'add(더하다, 추가하다)'에서 'd'가 하나 탈락된 것으로 이해해 주세요. 그러면 **ad+ject**이므로 adjective란 'ject에 더하는 말'이라는 뜻이 됩니다. 그래서 Subject에 있는 ject에 더하는 말이고, **subject**는 '명사(주어)'이므로 '**adjective = 명사에 더하는 말**', 즉 형용사가 되는 겁니다!

adverb의 경우는

ad(더하다)+verb(동사)니까 '동사에 더하는 말'이 되는 겁니다. 즉 **Tom ran madly**에서는 **madly**가 부사(adverb)로 동사(verb)인 **ran**을 꾸미게 됩니다. 그래서 **Tom**이라는 사람이 달리는데, 이 달리는 동작을 미친 듯이 한다는 뜻이 됩니다. 그러므로 '**Tom은 미친 듯이 달렸다**'라고 해석을 하죠.

하지만 **Tom ran mad**에서는 **mad**가 형용사(adjective)이므로 **Tom**을 설명하는 말이 됩니다. 그래서 '**Tom은 달렸다**'가 아니라, '**Tom은 미쳤다**'라고 해석이 되는 거죠.

엄청나게 큰 차이가 보이나요? 맞습니다. **Tom ran mad**에서 **run**은 '달리다'로 해석되지 않습니다. **run**을 한국말로 굳이 옮기지 않죠. 그냥 '**Tom은 미쳤다**'라고 해석하는 것이 자연스럽기 때문이에요.

자, 정리하겠습니다!

Tom ran madly의 경우 madly가 없어도 'Tom은 달렸다'이고, madly를 넣어 주면 달리는 동작을 미친 듯이 한다는 말이 추가될 뿐 동사의 의미에는 변화가 없습니다. 이렇게 **주어+동사만으로 완전한 문장을 1형식**이라고 부릅니다.

Tom ran mad에서는 mad가 Tom을 설명하면서 'Tom은 미쳤다'라고 해석이 됩니다. 이때 mad가 Tom이라는 사람을 보충 설명해 준다고 하여 '**보어(Complement)**'라고 부르죠. (보어는 '완전하게 해 준다'는 뜻을 가집니다.) 이렇게 **주어+동사+보어로 이루어진 문장을 2형식**이라고 부릅니다.

이제 눈치채셨죠? run이라는 동사는 이와 같이 1형식으로 쓰기도 하고, 2형식으로 쓰기도 합니다. 어려서부터 배워 온 1형식 동사, 2형식 동사는 사실 중요한 게 아닙니다. 정말 중요한 건 '**동사의 형식을 판단하는 것은 동사 자체가 아니라 동사 뒤에 뭐가 쫓아오느냐**' 바로 이것이죠! 이 부분은 다음 장에서 더 심도 깊게 다루겠습니다.

여러분, 이제 '형용사가 명사를 꾸민다'는 것은 이해가 되셨을 거예요. 다만 유의하실 점이 있어요. 앞에서는 동사 뒤에 형용사가 나와서 주어를 보충 설명해 주는 용도로 사용되는 부분을 말씀 드렸지만, 사실 형용사는 명사 앞에서 명사를 수식하는 경우가 훨씬 많아요. 아래 예문들을 봐 주세요.

> **ex1** useful 유용한 (형용사)
>
> **a useful book** 유용한 책 (앞에서 명사를 수식)
>
> **The book is useful.** 그 책은 유용하다. (동사 뒤에서 주어[명사]의 상태를 설명[보어로 사용])

> **ex2** **kind** 친절한 (형용사)
>
> **a kind man** 친절한 남자 (앞에서 명사를 수식)
>
> **The man is kind.** 그 남자는 친절하다. (동사 뒤에서 주어[명사]의 상태를 설명[보어로 사용])

이런 식으로요! 그래서 명사를 앞에서 꾸미게 되면 주어가 길어질 수 있겠죠?

The man 그 남자

The kind man 그 친절한 남자

이렇게 말이에요. 하지만 중요한 것은 명사 앞에서 수식을 하든, 뒤에서 주어의 보충 설명을 해 주는 보어로 쓰이든 상관없이 **형용사는 어차피 명사를 설**

명하는 역할만 한다는 게 핵심입니다! 이 부분을 잘 이해해 주세요!

> 참고로 형용사가 '~는'이라는 뜻으로 명사 앞에서 명사를 꾸미는 경우 명사의 범위를 한정해 준다 하여 형용사의 '한정적 용법'이라 부르고, 보어로 사용되어 동사 뒤에서 주어를 동사처럼 풀어 설명하면 서술어처럼 해석된다고 하여 '서술적 용법'이라고 부릅니다. 별로 중요하진 않지만 혹시 궁금하실까 봐 적어 둡니다. ☺

A kind man 친절한 남자 (한정적 용법)

The man is kind. 그 남자는 친절하다 (서술적 용법)

또한 부사의 기본적인 쓰임도 동사를 설명하는 것이지만 조금 더 깊게 들어가면, **부사는 동사, 형용사, 다른 부사, 문장 전체 즉, 명사를 뺀 나머지를 다 꾸밀 수 있다**고 생각하면 편합니다.

He speaks English well. 그는 영어를 잘 말한다. (동사 수식)

He is very kind. 그는 매우 친절하다. (형용사 수식)

I love you very much. 나는 너를 매우 많이 사랑한다. (부사 수식)

Earnestly, he works. 열정적으로 그는 일한다. (문장 전체 수식)

'나뭇잎이 노랗게 변했다'는
'The leaf turned yellow'일까요,
'The leaf turned yellowly'일까요?

"형용사에 -ly를 붙이면 부사가 되고, '~하게'라는 뜻으로 해석된다."

여러분, 이거 배운 기억 있으시죠?

kind 친절한   →   kindly 친절하게

polite 공손한   →   politely 공손하게

문장으로 볼까요?

Tom walked slowly.   Tom은 느리게 걸었다.

자, 그럼 질문 하나 할게요. 다시 한번 기억력 테스트입니다!

The leaf turned (yellow/yellowly).

앞에서 여러 번 마주친 문장이죠? 답은 뭔가요? '그 나뭇잎은 노랗게 변했다'

로 해석이 되니까 정답은 **yellowly**구나! 이렇게 **yellowly**를 고르셨나요?

땡! 정답은 **The leaf turned yellow**입니다. 아니, "형용사에 **-ly**를 붙이면 부사가 되고, '~하게'라는 뜻으로 해석된다"면서요! 이렇게 따지고 싶으시다면, 이번 장을 끝까지 잘 따라와 주세요.

앞에서도 이야기했지만, 제가 어렸을 때 영문법을 공부하다가 크게 좌절하고 문법과 담을 쌓게 된 계기가 있습니다. 바로 아래 3개의 문제가 그것이었죠.

> **The leaf turned** (yellow/yellowly).
> **Tom looked** (happy/happily).
> **The girl grows** (pretty/prettily).

당시 저는 위 문제들의 정답으로 **yellowly**, **happily**, **prettily**를 골랐습니다. 왜냐하면 아래와 같이 해석이 되니까요.

> 나뭇잎이 **노랗게** 변했다.
> **Tom**은 **행복하게** 보였다.
> 그 소녀는 **예쁘게** 자란다.

그런데 모두 땡! 문제의 답은 모두 형용사였습니다!

> **The leaf turned** yellow.
> **Tom looks** happy.
> **The girl grows** pretty.

이렇게 말입니다. 어렸을 땐 도통 이해할 수가 없었습니다. 하지만 앞 장에서 이미 설명한 대로 형용사는 명사를 꾸미고, 부사는 동사를 꾸밉니다. 따라서

The leaf turned yellowly라고 써 버리면 부사인 **yellowly**가 동사인 **turn**을 꾸미는 게 되어서 '도는 동작을 노랗게 했다'는 얘기가 되어 버려요. 나뭇잎이 돌았는데, 그걸 노랗게 한다??

즉 여기서 **yellow**는 **turn**이 아닌 **leaf**를 꾸미므로 형용사가 답이 되는 겁니다. 그리고 '나뭇잎이 노랗게 변했다'라고 해석하죠. 아래 두 문장도 마찬가지입니다.

> **Tom looked happy.** (Tom이 행복한 상태) → Tom은 행복해 보였다.
> **The girl grows pretty.** (그 소녀가 예쁜 상태) → 그 소녀는 (점점) 예뻐진다.

이제 아시겠죠? 형용사는 명사를, 부사는 동사를 꾸미기 때문에 이렇게 되는 겁니다. **우리말에 속으면 안 됩니다!** '~하게'라고 해석이 될지언정 동사를 꾸밀 수도 명사를 꾸밀 수도 있다 보니 헷갈릴 수밖에 없었던 겁니다. 이 차이를 한눈에 보여 드릴게요.

S	V	a (형용사보어)
Tom	went	bankrupt.
Tom	fell	asleep.
Tom	ran	mad.
Dreams	come	true.
Tom	grows	old.
Tom	turned	paled.
Tom	stays	angry.

- bankrupt a. 파산한
- asleep a. 잠든
- mad a. 미친
- true a. 진실인
- old a. 나이든
- pale a. 창백한
- angry a. 화난
- go v. 가다
- fall v. 떨어지다
- run v. 달리다
- come v. 오다
- grow v. 자라나다
- turn v. 돌다
- stay v. 머무르다

이 문장들은 모두 주어+동사+형용사의 형태입니다. 즉 형용사가 주어를 설명하고 있어서 전부 보어로 쓰이고 있습니다. 이 문장들을 해석해 볼까요?

Tom went bankrupt. Tom은 파산했다.

Tom fell asleep. Tom은 잠들었다.

Tom ran mad. Tom은 미쳤다.

Dreams come true. 꿈은 이루어진다.

Tom grows old. Tom은 늙어 간다.

Tom turned paled. Tom은 창백해졌다.

Tom stays angry. Tom은 화가 나 있다.

자, 눈치채셨나요? 여기서 동사들은 기존에 우리가 알고 있는 의미로 해석되지 않습니다. **go, fall, run**은 각각 '가다', '떨어지다', '달리다'가 아닌, '파산하다', '잠들다', '미치다'로, **come**은 '오다'가 아니라 '이루어지다', **grow**도 '자라다'가 아닌 '늙어 가다', **turn**은 '돌다'가 아니라 '창백해지다'로 말이죠. 맞습니다. **동사를 2형식으로 사용하게 되면 동사의 의미가 죽어 버리는 겁니다!**

여기서 정말 신기하게도 형용사를 지워 주면,

Tom went.

Tom fell.

Tom ran.

Dreams come.

Tom grows.

Tom turned.

Tom stays.

1형식 문장이 되면서 여러분이 알고 있는 동사의 의미가 살아납니다!

Tom went. Tom은 갔다.

Tom fell. Tom은 떨어졌다.

Tom ran. Tom은 달렸다.

~~**Dreams come.**~~ (이 문장은 의미가 부적절하네요.)

Tom grows. Tom은 자란다.

Tom turned. Tom은 돌았다.

Tom stays. Tom은 머무른다.

이렇게 쉽게 해석이 됩니다! 다만 구조상 하자는 없으나 문장의 의미가 애매한 경우가 있습니다. 이럴 때는 뒤에 부사를 써 주면 의미가 훨씬 명확해집니다.

Tom went there. Tom은 **거기에 갔다.**

Tom fell there. Tom은 **거기에서 떨어졌다.**

Tom ran madly. Tom은 **미친 듯이 달렸다.**

Tom grows here. Tom은 **여기서 자란다.**

Tom turned rapidly. Tom은 **재빠르게 돌았나.**

Tom stays here. Tom은 **여기서 머무른다.**

이게 바로 이번 장의 핵심입니다!

주어 + 동사 + (부사) = 1형식 (동사의 의미가 살아 있음)
주어 + 동사 + 형용사 = 2형식 (동사의 의미가 죽음)

자, 그럼 이런 일은 왜 벌어지는 걸까요? 아래 두 문장을 주목해 주세요.

그는 거기에 **간다.**

그는 미쳐 **간다**.

이 두 문장 모두 '가다'라는 말을 사용하고 있습니다. 먼저 '그는 거기에 간다'의 '가다'는 정말로 그 사람이 어딘가를 향해 '가고 있는', **물리적인 동작**을 나타냅니다. 그런데 '그는 미쳐 간다'의 '가다'는 그 사람이 어딘가로 이동하고 있는 것이 아닌 그 사람의 정신 상태가 **'정상에서 미친 상태로 변해 가고 있음'**을 나타냅니다. 이게 영어의 **go**라는 동사에서 정확하게 똑같이 나타나는 겁니다!

He goes there. 그는 거기에 **간다**. (1형식) → 물리적인 동작
He goes mad. 그는 미쳐 **간다**. (2형식) → 주어의 상태 설명

이해되시죠? 즉 2형식에서 쓰이는 동사는 그 의미에 맞는 뉘앙스를 갖게 됩니다. 몇 가지 예를 더 들어 볼게요.

The milk went bad.

'우유가 상했다'라는 표현, 우리는 가끔 '우유가 맛이 갔다'고도 쓰죠? 그 느낌 그대로! 영어에서도 '우유가 상했다'는 표현을 위와 같이 씁니다.

He went blind.

눈이 안 보이는 상태를 말할 때도 '눈이 멀었다'라는 표현을 쓰는데, 영어로도 바로 그렇게 표현합니다.
반면 '오다'라는 뜻의 **come**을 사용하는 경우는 아래와 같습니다.

Dreams come true. 꿈이 현실이 된다. (2형식) → 주어의 상태 설명

역시 true가 주어인 Dream(꿈)을 꾸며서 '꿈이 현실이 된다'로 해석이 되는데, 여기서는 왜 come 동사를 썼을까요? 네, 맞습니다! 꿈이 사실이 되어(실현되어) 나에게 오는 것이기 때문입니다. 눈치채셨나요? **좋은 것은 오게 하고, 나쁜 건 저 멀리 가게 두는 거죠.**

go 가다 → 나쁜 것 **/** **come** 오다 → 좋은 것

이렇게 **2형식 문장에서 동사는 문장 전체에 뉘앙스(인상)를 주는 용도로 쓰**입니다. 따라서 **Tom went mad**는 말이 돼도, **Tom came mad**(×)는 어색한 겁니다. 미쳐 가는 건 안 좋은 뉘앙스잖아요? 그러니 **go**가 더 잘 어울립니다. 마찬가지로 **Dreams come true**는 말이 돼도, **Dreams go true**(×)는 어색합니다. 꿈이 사실이 되어 저 멀리 가 버린다?? 정말 이상하죠. **come**이 훨씬 잘 어울립니다.

몇 개 더 볼까요? '잠들었다'라는 말을 '곯아떨어졌다'라고도 쓰죠? 영어에서도 이 뉘앙스 그대로 **'He fell asleep.'** 즉 '그는 곯아떨어졌다'라고 표현합니다. '곯아 올라갈' 수는 없잖아요? '떨어지다'의 느낌을 그대로 살려서 **fall**을 쓰는 거죠.

He grows old. 그가 늙어 간다.

위의 문장은 어떤가요? 여기서 **grow**라는 동사가 나온 건 '자라다'라는 의미의 **grow**가 '점점' 변해 가는 느낌을 풍기기 때문입니다. 그래서 문장은 '그는 (점점) 늙어 간다'의 뉘앙스를 갖게 되는 거죠.

He turned pale. 그는 창백해졌다.

마찬가지로 위의 문장에서 **turn**을 쓴 이유는 '돌다'라는 의미의 **turn**이 '갑작스럽게' 변해 가는 느낌을 풍기기 때문입니다. 그래서 문장은 '그는 (갑작스레) 창백해졌다'의 뉘앙스를 갖게 됩니다.

자, 그럼 여기서 문제!

He grows pale.

He turned old.

이 문장의 해석도 충분히 가능하겠죠?

He grows **pale.**　그는 (점점) 창백해진다.

He turned **old.**　그는 (갑작스레) 늙어 버렸다.

grow 자라다 → 점진적　/　**turn** 돌다 → 급진적

어때요? 2형식 어렵지 않죠? 다시 한번 정리해 드릴게요.

Tom	went	**bankrupt.**	Tom은 파산했다.	
Tom	fell	**asleep.**	Tom은 잠들었다.	→ 부정적인 변화
Tom	ran	**mad.**	Tom은 미쳤다.	
Dreams	come	**true.**	꿈은 이루어진다.	→ 긍정적인 변화
Tom	grows	**old.**	Tom은 늙어 간다.	→ 점진적인 변화
Tom	turned	**pale.**	Tom은 창백해졌다.	→ 급진적인 변화

그리고 2형식 내에서도 조금 구체적인 차이가 있는데요.

Tom went **bankrupt**.　Tom은 파산했다.

Tom fell **asleep**.　Tom은 잠들었다.

Tom remains **silent**.　Tom은 침묵하고 있다.

Tom stays **angry**.　Tom은 화나 있다.

위 두 문장들의 차이가 보이나요? go, fall을 썼을 때는 **Tom**이 **A**라는 **상태에서 B라는 상태로 '상태가 변함'**을 나타냅니다. 그래서 '주어가 **~한 상태가 되다**'로 해석이 되죠. remain, stay를 썼을 때는 **Tom**이 **A**라는 상태에서 **(계속) A**라는 **'상태를 유지'**하고 있음을 나타냅니다. 그래서 '주어가 **~한 상태이다**'로 해석이 되죠. 이렇게 2형식은 크게 두 가지로 분류가 됩니다.

become, get, go, fall, run, come, grow, turn → 상태변화동사

remain, stay, continue, lie, keep → 상태유지동사

이 각각의 동사들이 어떻게 해석되는지는 연습 문제를 통해 알아볼게요.

> **"**
> 품사, 이렇게 줄여 씁니다. ☺
> - 명사 : n. (noun의 약자)
> - 동사 : v. (verb의 약자)
> - 형용사 : a. (adjective의 약자)
> - 부사 : ad. (adverb의 약자)
> - 전치사 : prep. (preposition의 약자)
> - 접속사 : conj. (conjunction의 약자)
> - 대명사 : pron. (pronoun의 약자)
> **"**

주어+동사 뒤 형용사 vs 부사

(1형식 vs 2형식)

> "
> 영어의 동사 중에서 2형식으로 사용될 수 있는 동사들은 앞에서 이야기한 대로 동사의 물리적인 동작을 나타내는 의미가 죽어 버리는 특징을 가지고 있습니다. 그래서 종류가 많지 않습니다. 이제부터 연습할 동사들이 2형식에서 사용 가능한, 빈도수가 가장 높은 동사라고 생각하면 되겠습니다. ☺
>
> • 1형식으로 사용되면 – 물리적으로 진짜 그 동작을 함
> • 2형식으로 사용되면 – 주어의 상태를 설명할 뿐 물리적인 동작이 아님(동사는 뉘앙스만 남기게 됨)
> "

아래 문장을 해석해 보세요!

1 **go**

   He goes home. →

   The tire went flat. →

2 **fall**

   He fell ill. →

   The snow falls fast. →

3 **run**

   He ran forward. →

   Her blood runs cold. →

※ 정답과 해설은 p.343.

4 **get**
Jane got there. →
Tom got drunk. →

5 **become**
The book became useless. →

6 **come**
John came here. →
This handle came loose. →

7 **grow**
John grew. →
John grows old. →

8 **turn**
He turned left. →
The weather turned cold. →

9 **be**
God is. →
The man is happy. →

10 **remain**
The foreigner remains abroad. →
The students remain silent. →

11 **keep**
You should keep cool. →
School keeps today. →

12 lie

Tom lies. →

The girl lies asleep. →

13 stay

Tom stays here. →

The weather will stay fine. →

14 stand

The tree stands straight. →

The doors stand open. →

15 hold

The promise holds true. →

16 look

The man looked seaward. →

The book looks good. →

17 taste

This apple tastes sour. →

18 smell

The food smells good. →

19 feel

I feel pretty. →

20 sound

The bell sounds. →

This song sounds strange. →

21 seem

The man seems happy. →

22 appear

He appeared suddenly. →

He appears rich. →

23 prove

His effort proved fruitless. →

- home ad. 집에
- tire n. 타이어
- flat a. (타이어 등이) 펑크가 난
- ill a. 아픈
- fast ad. 빠르게
- forward ad. 앞으로
- blood n. 피
- cold a. 차가운
- there ad. 거기에
- drunk a. 술에 취한
- useless a. 쓸모 없는
- here ad. 여기에
- handle n. 손잡이
- loose a. 느슨한
- old a. 나이든
- left ad. 왼쪽으로
- weather n. 날씨
- foreigner n. 외국인
- abroad ad. 해외로
- silent a. 침묵하고 있는
- cool a. 냉정한
- today ad. 오늘
- asleep a. 잠든
- straight ad. 똑바로, 곧장
- open a. 열린
- promise n. 약속 / a. 진실인(유효한)
- seaward ad. 바다 쪽으로
- sour a. (맛이) 신
- strange a. 이상한
- suddenly ad. 갑작스럽게
- rich a. 부유한
- fruitless a. 성과가 없는

지금까지 2형식 동사들을 살펴봤는데 어땠나요? 동사를 2형식으로 쓴다는 게 굉장히 독특하지 않나요? **'뒤에 형용사를 가지고 오면서, 물리적인 동작이 아닌 문장 전체에 뉘앙스만 남긴다'**는 부분 말입니다!

재밌는 사실은 2형식 동사는 여기서 설명한 동사들이 전부라고 봐도 무방하다는 겁니다. 역시 독특하죠?

이 세상에 있는 동사의 총 개수는 몇 개나 될까요? 옥스퍼드 사전에 등록되어 있는 영어 단어가 몇 십만 개라는 이야기를 들은 기억이 납니다. 그중 2형식으로 사용이 가능한 동사는 앞서 설명한 25개 정도가 거의 전부입니다. 물론 상황에 따라 2형식으로 쓰이는 경우가 더 있겠지만, 주로 사용되는 것은 그 정도라는 뜻입니다.

뒤에서 더 자세히 설명하겠지만, 2형식 동사의 특징이 하나 더 있습니다. 그건 바로 **'음절수가 1음절'인 동사가 대부분**이라는 겁니다. 그리고 매우 자주 사용되는 '비격식체'라는 점도 있는데요, 이는 역사와 관련 있는 부분입니다. 2형식 동사의 대부분이 고대 영어가 지금까지 남아 있는 경우들로 중세 이후 생겨난 동사들은 2형식의 쓰임이 거의 없다고 봐도 무방합니다. 이 부분은 뒤에서 다시 재미있게 설명할게요!

be동사는 무조건 자동사로만 쓰이며, 타동사로는 전혀 쓰이지 않습니다. 해석도 간단하고요.

be동사가
궁금하신가요?

1형식 = '있다'

2형식 = '~(인 상태)이다'

이렇게만 사용되는 아주 간단하고도 특별한 동사이기 때문에 꼭 알아 두시기 바랍니다!

God is. 신은 있다.

The man is kind. 그 남자는 친절하다. (= 친절한 상태이다.)

The book is good. 그 책은 좋다. (= 좋은 상태이다.)

> 물론 be동사 뒤에 -ing를 써서 '진행형', p.p를 써서 '수동태', to R(to 부정사)을 써서 'be to 용법'이라고 부르는 문법 사항이 있긴 합니다. 이 부분 역시 뒤에서 배우게 될 테니 걱정하지 마세요. ☺

Long hair becomes him.
→ 긴 머리카락은 그가 된다?

(feat. 자동사와 타동사)

자동사와 타동사, 보어와 목적어가 궁금하신가요?

여러분은 자동사와 타동사, 보어와 목적어에 대해 얼마나 알고 있나요? 잘 알고 있다면, 아래 문장 해석 가능하겠죠?

Tom became a teacher.

Long hair becomes him.

첫 번째 문장은 쉽죠? "**Tom**은 선생님이 되었다." 그럼 두 번째 문장은요? "**긴 머리카락은 그가 된다??**" 흠, 뭐가 문제일까요?

위 두 문장이 쉽게 해석되지 않는다면, 자동사와 타동사, 보어와 목적어의 차이를 제대로 이해하지 못하고 있는 겁니다. 이번 장을 끝까지 따라오시면 **자동사와 타동사, 보어와 목적어 평생 구분하기** 가능합니다!

우리는 앞서 '주어+동사 뒤에 형용사/부사'가 올 때의 구분법에 대해 자세히 알아봤습니다. 또 1형식과 2형식에 대해서도 이야기했죠.

S	**V**		[1형식]
S	**V**	**C**	[2형식]
S	**V**	**O**	[3형식]
S	**V**	**O O**	[4형식]
S	**V**	**O C**	[5형식]

> S = 주어(Subject)
> V = 동사(Verb)
> C = 보어(Complement)
> O = 목적어(Object)

그런데 보면 알겠지만, **1~5형식에서 사용되는 품사는 4가지**밖에 없어요. 우리가 앞에서 배웠던 **명사, 동사, 형용사, 부사**가 바로 그것이에요.

여기서 명사가 동사 앞에 나오면 주어죠?

S	V		
S	V	C	
S	V	O	
S	V	O	O
S	V	O	C

그런데 명사가 동사 뒤에 나오면 목적어 혹은 보어로 사용돼요.

S	V		
S	V	C	
S	V	O	
S	V	O	O
S	V	O	C

그래서 우리가 **'명사는 문장 안에서 주어, 목적어, 보어의 역할을 한다'**고 말하는 건데, 이것으로 우리는 아주 간단한 규칙을 알게 되죠!

동사 앞에 나오는 명사는 ➜ 주어
동사 뒤에 나오는 명사는 ➜ 보어 or 목적어

이게 끝이에요! 동사 앞에 명사가 나오면 그 명사는 무조건 주어! 어려울 것이 없어요. 그냥 주어+동사 나오고 끝나면 1형식인 거예요. 문제는 동사 뒤에 명사가 올 때 이 명사가 목적어인지 보어인지, 즉 2형식과 3형식을 구분할 줄 알면 되는 거죠.

그럼 어떻게 구분하면 될까요? 바로 이겁니다.

S	V			*v.i.* (자동사)
S	V	C		

S	V	O		
S	V	O	O	*v.t.* (타동사)
S	V	O	C	

네, 제가 선을 그은 기준은 바로 자동사와 타동사입니다. 많이 들어보셨죠?

자동사 뒤에 나오는 명사는 보어
타동사 뒤에 나오는 명사는 목적어

자, 이런 결론이 나오는군요. 그럼 자동사, 타동사가 뭔지만 알면 끝이라는 거군요! 그런데 이 자동사, 타동사라는 게 좀 애매합니다. 보통 자동사, 타동사를 이렇게 설명하곤 하죠.

자동사 : 동작을 스스로 하는 동사로 목적어가 필요 없음!

I sleep.   나는 잠을 잔다.

다른 게 더 있어도 의미가 명확하죠? **이렇게 주어+동사만으로 의미가 완전한 동사를 자동사**라고 합니다.

타동사 : 완전한 의미를 만들기 위해 다른 무언가가 필요한
동사로 목적어를 필요로 함!

I make a doll.   나는 인형을 만든다.

이건 위에서 설명한 sleep과는 달리 'I make → 나는 만든다'만으로는 의미가 완전하지 않군요! 뭘 만드는지 궁금하니까 '인형을'이 나와야 의미가 적절해집니다. 이렇게 **동작의 대상이 필요한 동사를 타동사**라고 합니다.

흠, 그런데 말이죠. 이게 분명 맞는 설명이긴 한데 이 설명만으로는 부족한 부분이 너무너무 많다는 생각이 들어요. 아니, 이렇게 설명하면 안 된다고 생각합니다! 사실 영어의 동사는 **자동사로 알고 있던 게 타동사가 되기도 하고, 타동사로 알고 있던 게 자동사가 되기도** 하거든요.

He became a teacher.

His hair becomes him.

자, 이 문장들을 다시 한번 볼까요? 첫 번째 문장은 "그는 선생님이 되었다"가 맞습니다. 두 번째 문장은 어떤가요? "그의 머리카락이…… 그가 된다??"

네, 바로 이 부분입니다. 일반적인 자동사와 타동사의 설명에서 가장 큰 모순점은 영어의 동사 중 상당수가 자동사와 타동사로 모두 쓰인다는 점입니다!

사전을 찾아보면 쉽게 알게 됩니다. **grow**라는 동사를 예로 들어 볼게요. 이 단어의 뜻을 혹시 '자라나다'로 외우고 계셨나요? 그렇다면 **He grows**는 '그는 자라난다'로 분명히 자동사가 맞을 겁니다. 그럼 사전을 열어 볼까요?

> 〔자동사〕
> 1 **성장[생장]하다**, 크다, 발육하다; (초목, 털 등이) 자라다; (…으로) 자라다 (**into, to**)
> (grow+[전]+[명]) **A tadpole grows into a frog.** 올챙이는 자라서 개구리가 된다.
>
> 〔타동사〕
> 1 (식물 등을) **기르다, 재배하다**(cultivate); (동물 등을) 사육하다

자동사뿐 아니라 타동사로도 쓰이는 게 보이죠? 이렇듯 많은 동사들이 자동사와 타동사의 쓰임을 다 가지고 있습니다. 결국은 이 둘을 구분하는 방법이 필요하다는 결론에 다다르게 되죠. 구분법은 아주 간단합니다. 먼저 결론을 알려 드리고 연습을 해 본 뒤에, 왜 이런 일이 벌어지는지에 대해 설명할게요!

[자동사 타동사의 구분법]

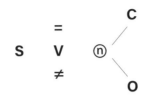

이게 끝입니다. 매우 단순하죠? 그럼 바로 적용해 봅시다.

He **became** a teacher. : he = a teacher → 보어/자동사

His hair **becomes** him. : his hair ≠ him → 목적어/타동사

바로 이 공식을 염두에 두고 사전을 열어 볼게요.

자, 그럼 이제 제대로 한번 해석해 볼까요?

He became a teacher.   그는 선생님이 되었다.

His hair becomes him.   그의 머리카락은 그에게 어울린다.

> 하지만 언제나 조심! 실제로 become이 타동사로 쓰이는 경우는 극히 드물어요. 😊

한 개만 더 예를 들어 볼게요.

'prove' 이 단어 무슨 뜻인가요? '증명하다, 입증하다'로 알고 있는 사람, 손!
'~로 판명나다'로 알고 있는 사람, 손!

He proved a traitor. : 그 = 배신자 → 보어/자동사

He proved his innocence. : 그 ≠ 그의 결백 → 목적어/타동사

그럼 사전을 열어 볼게요.

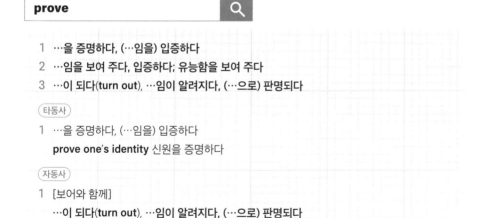

prove   🔍

1 …을 증명하다, (…임을) 입증하다
2 …임을 보여 주다, 입증하다; 유능함을 보여 주다
3 …이 되다(turn out), …임이 알려지다, (…으로) 판명되다

(타동사)

1 …을 증명하다, (…임을) 입증하다
  prove one's identity 신원을 증명하다

(자동사)

1 [보어와 함께]
  …이 되다(turn out), …임이 알려지다, (…으로) 판명되다
  prove difficult[fruitless] 곤란[무익]함이 판명되다

He proved a traitor. 그는 배신자로 판명되었다.

He proved his innocence. 그는 그의 결백을 입증했다.

prove가 보어를 받아서 자동사로 사용되면 '~로 판명되다', 목적어를 받아서 타동사로 사용되면 '~을 입증하다'였던 거예요! 지금부터는 왜 이런 일이 벌어지게 되는지 설명할게요.

자동사는 v.i. 타동사는 v.t.

여러분, **자동사를 v.i.**, **타동사를 v.t.**라고 쓰는 건 본 기억이 날 거예요. 그럼 여기서 **i**와 **t**는 뭘까요?

v.i. = Intransitive Verb

v.t. = Transitive Verb

우리가 자동사, 타동사라고 불렀던 것들의 영어 이름이 이렇다는 겁니다. 처음 보신 분들 많죠?

여러분, 혹시 「트랜스포머」라는 영화 보셨나요? 거기에 나오는 주인공들이 로봇에서 자동차로, 자동차에서 로봇으로 모습이 막 바뀌죠? 'trans'라는 단어가 바로 'A에 있던 것이 B로 넘어간다'는 뜻을 가지고 있거든요. **transformer** → **trans** 이동+**form** 형태+**-er** ~하는 자 = 형태를 이동하는 자, 즉 **transformer**라는 것은 형태를 이동시키고 바꾸고 전환하는 겁니다. 따라서 자동사와 타동사의 의미도 아래와 같습니다.

transitive verb = 이동(초점의 전환)이 있는 동사

intransitive verb = 이동(초점의 전환)이 없는 동사

그럼 뭘 전환하고 이동할까요? 그건 바로 동사의 의미, 초점의 이동입니다! 모든 동사의 의미는 기본적으로 늘 주어에 있어요. 자, 아래 문장을 봐 주세요.

I grow.

이때 grow라는 동사의 의미는 주어에 초점이 맞추어져 있어요. '내가 자란다'는 뜻이잖아요? 중요한 것은 grow 뒤에는 뭐가 나왔나요? 아무것도 없죠? 그렇다면 이 경우 grow의 의미는 주어에 초점이 맞춰져 있고, 동사의 의미 이동은 없어요. 그래서 '**동사의 의미가 주어에 남아 있고 이동이 없다! = Intransitive Verb**'라고 부르는 거예요.

이렇게 **주어와 동사만 있고 뒤에 아무것도 없으면 무조건 자동사로 쓰인 거죠.** 그런데!

I grow plants.

grow 뒤에 plants라는 명사가 왔죠? 이렇게 되면 grow라는 동사의 의미가 주어인 I에서 명사인 plants로 초점 이동이 되는 거예요! 즉, 이제 자라나는 건 plants가 되는 겁니다. 이 동작을 주어인 I가 하게 하는 거고요.

I grow plants. 나는 식물들을 자라게 한다(기른다).

이렇게 동사의 의미가 주어인 I에서 plants로 넘어갔다고 해서 '**동사의 의미 이동이 있는 동사 = Transitive Verb**' 즉 타동사가 되는 겁니다. 이때 동사 grow의 대상이 되는 말(**plants**)을 우리는 '**목적어(Object)**'라고 부릅니다. 이제 모든 게 명확해졌죠?

S V　　　: 동사의 의미가 주어에 남아 있음 (동사의 초점 이동 × → 자동사)

S V O : 동사의 의미가 목적어로 넘어감 (동사의 초점 이동 ○ → 타동사)

바로 연습해 봅시다!

ex1 **I turn.**　나는 돈다(v.i.).

(뒤에 명사가 없어서 동사의 의미가 I에 그대로 남아 **있으므로 자동사!** → 주어가 도는 동작을 함)

I turn the lever left.　나는 그 레버를 왼쪽으로 돌린다(v.t.).

(뒤에 명사가 나와서 동사의 의미가 I에서 the lever로 이동**했으므로 타동사!** → 주어가 목적어를 돌림)

ex2 **I stand.**　나는 서 있다(v.i.).

(뒤에 명사가 없어서 동사의 의미가 I에 그대로 남아 **있으므로 자동사!** → 주어가 서 있는 동작을 함)

I stand the ladder.　나는 사다리를 세운다(v.t.).

(뒤에 명사가 나와서 동사의 의미가 I에서 the ladder로 이동**했으므로 타동사!** → 주어가 목적어를 세움)

ex3 **I run.**　나는 달린다(v.i.).

(뒤에 명사가 없어서 동사의 의미가 I에 그대로 남아 **있으므로 자동사!** → 주어가 달리는 동작을 함)

I run a company.　내가 회사를 달리게 한다(회사를 운영한다)(v.t.).

(뒤에 명사가 나와서 동사의 의미가 I에서 a company로 이동**했으므로 타동사!** → 주어가 목적어를 움직이게 함)

• left　ad. 왼쪽으로

어때요? 이제 확실하게 감이 오나요? 바로 이것이 **v.i.**, **v.t.**의 원리입니다. 그냥 동사 뒤에 명사가 나오면 거기로 의미를 넘기는 거예요. 그게 타동사의 본질입니다. 자, 그림 이번 장의 하이라이트로 넘어가 보겠습니다.

He is a doctor.

이 문장의 경우 동사 앞의 주어 **He**에 의미의 초점이 맞춰져 있다가 동사 뒤에 **a doctor**가 나오면서 동사의 의미를 넘겨야 하는데…… 엥? **He**가 **a doctor**고, **a doctor**가 **He**? 둘이 같네요?

무슨 말인지 아시겠죠? **동사 뒤에 명사가 나와서 동사의 의미를 뒤로 넘긴다고 넘겼는데, 그 명사가 주어랑 같다**는 거예요! 즉 동사의 의미는 주어인 **He**에 그대로 남아 있고 이동이 없었던 겁니다. 그래서 자동사가 되는 거예요.

자, 그럼 여기 뒤에 나온 명사는 주어가 누군지를 한 번 더 설명하는 역할이란 말이죠? 그러니까 '**주어를 보충해 주는 말**'이라고 해서 이 **be**동사 뒤에 나온 명사를 '**보어(Complement)**'라고 부르는 겁니다.

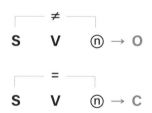

좋아요. 그러면 이제 연습해 봅시다!

주어+동사 뒤 명사
(목적어 vs 보어)

아래 문장을 해석해 보세요!

1   He proved a traitor. (보어? 목적어?)
→

2   He proved his innocence. (보어? 목적어?)
→

3   Tom started.
→

4   Tom started dinner.
→

5   Jane stopped.
→

6   Jane stopped talking.
→

7   John stayed.
→

8   John stayed his steps.
→

※ 정답과 해설은 p.344.

지금까지 설명한 보어와 목적어의 구별법은 영어의 모든 동사들에 확실히 통합니다. 다만! **동사 뒤에 명사가 나오면 목적어일 확률이 압도적으로 높습니다.** 보어를 취하는 뜻을 지닌 2형식 동사가 드물기 때문입니다. (앞에서 소개한 2형식 동사가 대부분이라고 보면 됩니다! 즉 **2형식 동사가 아닌데 동사 뒤에 명사가 나왔다면 전부 목적어**라 생각해도 됩니다!) 그렇다고 아예 안 나오는 건 아니기 때문에 정확한 차이를 알아 두면 좋겠죠?

여러분, 재귀대명사라고 들어 보셨나요? **'주어 = 목적어'의 유일한 예외가 바로 재귀대명사**입니다. 또한 재귀대명서는 v.i., v.t.의 개념으로 인해 생겼는데요,

He killed him. 그는 그를 죽였다(살인을 저질렀다).

위의 문장에서 **He ≠ him**입니다. 주어랑 목적어는 반드시 다르다고 했으니까요. 그런데 아래 문장에서는 **He = him**입니다.

He killed himself. 그는 그 스스로를 죽였다(자살했다).

어라, 주어랑 목적어가 같네? 그래서 **self**를 붙이게 된 겁니다. 주어랑 목적어가 다른 것을 표현해 줄 무언가가 필요했던 거죠. 그게 바로 재귀대명사가 생긴 이유입니다. 그리고 이것이 '주어 = 목적어'의 유일한 예외입니다.

영어의 품사는
몇 개일까요?

8품사가 궁금하신가요?

여러분, 8품사에 대해 들어 보셨나요? 8품사의 종류를 나열하실 수 있나요?

명사, 동사, 형용사, 부사, 대명사, 전치사, 접속사, 감탄사

이렇게 8개의 품사가 있습니다. 그런데 여러분, 8개는 너무 많지 않나요? 이거 다 알아야 하나요? 그래서 제가 여러분의 부담을 반으로 확 줄여 드리겠습니다!

명사, 동사, 형용사, 부사, ~~대명사, 전치사, 접속사, 감탄사~~

네, 이렇게 4개의 품사만 알면 됩니다. 나머지 품사들은 일단 잊으세요! 왜 그런지 뒤에서 다 설명하겠습니다. 이번 장에서는 앞에서 배운 내용들을 종합하여 품사와 문장 성분의 상관관계에 대해 이야기해 볼게요.

우리 앞에서 이런 문장을 공부했죠?

Tom ran mad.

Tom ran madly.

- Tom = 명사(noun)
- run = 동사(verb)
- mad = 형용사(adjective)
- madly = 부사(adverb)

자, 그런데 이 문장들을 분석할 때는 이렇게 표시를 한단 말이죠.

Tom	ran	mad.
S(n)	V	C(a)

Tom	ran	(madly).
S(n)	V	(ad)

여기서 주어는 **subject** → S, 동사는 **verb** → V, 보어는 **complement** → C 이렇게 표시를 했어요. **mad**는 **adjective**니까 **a**로, **madly**는 **adverb**니까 **ad**로 말이에요.

"그러니까 그게 왜요?"라고 물으신다면, 자, 여러분! 형용사가 문장에서 무슨 역할을 하죠? 부사는요? 앞에서 이야기한 적 있어요.

adjective = add+ject (ject에 더하는 말)

adverb = add+verb (verb에 더하는 말)

그래서 이렇게 해석한 것도 기억하시죠?

Tom ran mad. Tom은 미쳤다.

Tom ran madly. Tom은 미친 듯이 달렸다.

그런데 말이죠. 이거 다 이해하셨으면 여러분은 이미 문장을 이루고 있는 구

성 요소의 기본 틀을 다 보신 겁니다! 무슨 뜻이냐고요? 지금 바로 보여 드릴게
요. **8품사의 진실, 두둥!**

먼저 품사란 뭘까요? 품사는 영어 단어의 이름입니다. 수많은 영단어들의 이
름 말에요.

- water 물
- make 만들다
- pretty 예쁜
- well 잘

- he 그
- in ~안에
- because ~ 때문에
- wow 와!

이 단어들을 우리는 이렇게 부릅니다.

- water 물 (명사)
- make 만들다 (동사)
- pretty 예쁜 (형용사)
- well 잘 (부사)

- he 그 (대명사)
- in ~ 안에 (전치사)
- because ~ 때문에 (접속사)
- wow 와! (감탄사)

이렇게 이 단어들을 부르는 명칭을 8품사라고 합니다. "헉, 이것도 외워야 하
나요?" 이런 생각밖에 안 드신다고요? 그래서 또 한번 제가 여러분의 부담을 확
줄여 드리겠습니다!

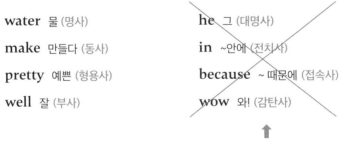

water 물 (명사)   he 그 (대명사)
make 만들다 (동사)   in ~안에 (전치사)
pretty 예쁜 (형용사)   because ~ 때문에 (접속사)
well 잘 (부사)   wow 와! (감탄사)

↑
이 4개는 잊으세요! 지금은 몰라도 됩니다!

이렇게 4개만 기억할게요.

water 물 (명사)

make 만들다 (동사)

pretty 예쁜 (형용사)

well 잘 (부사)

영어의 품사는 8개지만 **문장에서의 역할로 따지면, 실질적으로 의미가 있는 품사는 4개**입니다! 물론 다른 품사들도 천천히 알아 가겠지만 지금은 일단 이 4개만 익히세요. 그리고 그거 아세요? 이 4개의 품사들도 우리는 벌써 다 배웠어요!

Tom ran mad.
Tom ran madly.

여기서 **Tom** = 명사, **ran** = 동사, **mad** = 형용사, **madly** = 부사, 끝!

너무 쉬워서 이상한가요? 걱정하지 마세요. 뒤로 가면 제가 왜 영어의 품사를 4개라고 했는지 더 자세히 알게 될 거예요. 자, 결론!

'품사'는 단어를 부르는 명칭, 종류는 8개
그러나 이 8개의 품사 중 실제 사용되는 품사는 4개!

이제 바로 이 품사와 문장 성분의 상관관계에 대해 이야기해 볼 거예요.

여러분, 제 이름은 윤여홍입니다. (하하, 소개가 너무 늦었나요?) 저는 어딜 가도 이 이름으로 불립니다. 그런데 집에 가면 부모님에게 '아들' 역할을 하고, 동생에게는 '형' 역할을 하죠. 학원에 가면 학생들에게 '선생님'으로 불리고 그에 맞는 역할을 합니다.

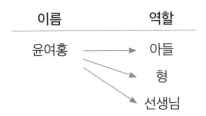

이름	역할
윤여홍 →	아들
	형
	선생님

어딜 가도 이름은 '윤여홍' 그대로이지만 가는 곳에 따라 아들, 형, 선생님이라는 역할을 하게 되는 거죠. 품사와 문장 성분의 상관관계가 정확히 똑같습니다! 제 이름 **윤여홍이 품사, 아들/형/선생님이 문장 성분**인 거죠. 즉 품사가 문장 안에 들어가면 문장 안에서의 역할이 생기는데 그것을 문장 성분이라고 부르는 겁니다. 아래 설명을 잘 보세요.

water(noun)의 품사는 명사입니다. (앞으로 명사는 '**n**' 으로 표기할게요.) 그런데 이 단어가 문장 안에 들어가면

Water is clean. 이렇게 동사 앞에서 주어의 역할을
S(n)

I drink water. 여기서는 목적어의 역할을
O(n)

It is water. 여기서는 보어의 역할을 하게 됩니다.
C(n)

즉 이런 상관관계를 갖는 거죠.

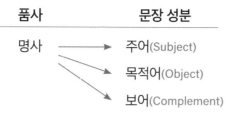

품사	문장 성분
명사	→ 주어(Subject)
	→ 목적어(Object)
	→ 보어(Complement)

앞에서 보여 드린 제 이름과 역할의 상관관계와 같죠? 자, 그럼 이 관계들을 이렇게 정리해 볼 수 있을 거예요.

품사	문장 성분
명사(n) →	주어(S), 목적어(O), 보어(C)
동사(v)	
형용사(a)	
부사(ad)	

그리고 이 4개의 품사는 문장 안에 들어가서 **명사는 주어, 목적어, 보어의 역할**을, **동사는 서술어 역할**을 합니다.

품사	문장 성분
명사(n) →	주어(S), 목적어(O), 보어(C)
동사(v) →	서술어
형용사(a)	
부사(ad)	

여기서 주목할 점! 명사는 주어, 목적어, 보어, 이렇게 세 가지 역할을 하는 데 반해, 동사는 서술어의 역할만 합니다. 그래서 말이죠, 사실 '주어+동사'라는 말보다는, '주어+서술어'라고 부르는 게 맞아요. 맞는데, 동사가 문장 안에서 하는 역할이 서술어밖에 없어서인지, 아니면 주어+서술어라는 말보다 주어+동사라는 말이 편해서인지는 모르겠지만, 대부분 그렇게 부르고 있네요. 그래서 저도 대세를 따를 생각이고요. 😊

그리고 **형용사와 부사는 문장 안에서 수식어의 역할**을 하는데, 형용사는 명사를, 부사는 동사를 수식합니다. 자, 이제 모든 상관관계를 살펴봤으니, 보기 좋게 이 모든 경우의 수를 정리해 볼게요.

S V
S V C
S V O
S V O O
S V O C

앞에서 본 적 있죠? 바로 문장의 5형식! 영어의 모든 문장이 이 5형식으로 설명 가능하다고 이야기했어요. 5형식을 이해하면 모든 문장의 틀을 이해할 수 있다는 건데요. 이렇게 문장으로 만들어질 수 있는 모든 경우의 수를 1~5형식으로 나눠 놓은 게 바로 문장의 5형식인 거죠. 그런데 놀라운 건 말이죠, 지금부터 잘 보세요! 1~5형식을 품사로 나타내 볼게요.

$$S(n) \quad V(v)$$
$$S(n) \quad V(v) \quad C(a/n)$$
$$S(n) \quad V(v) \quad O(n)$$
$$S(n) \quad V(v) \quad O(n) \quad O(n)$$
$$S(n) \quad V(v) \quad O(n) \quad C(a/n)$$

기준은 동사이고, 이 동사 앞에 나오는 명사는 주어예요. 따라서 주어+동사는 고정이겠죠? 그럼 뒤에 나오는 게 무엇인지에 따라서 1~5형식이 나뉘는 거예요. 보어(C)가 되는 건 형용사 아니면 명사고, 목적어(O)가 되는 건 명사니까, 어라? 그러면 끝이네요! **1~5형식 만드는 데 사용되는 품사가 명사, 동사, 형용사, 이렇게 3개**밖에 없네요??

그런데 여기에 내 맘대로 넣었다 뺐다 해도 되는 품사가 있습니다! 그게 바로 부사(**ad**)예요.

$$S(n) \quad V \qquad\qquad\qquad [\ (ad)\ ]$$
$$S(n) \quad V \quad C(a/n)$$
$$S(n) \quad V \quad O(n)$$
$$S(n) \quad V \quad O(n) \quad O(n)$$
$$S(n) \quad V \quad O(n) \quad C(a/n)$$

즉 부사는 있어도 되고 없어도 되는 거예요. 1~5형식을 이루는 요소는 아니기 때문이죠. 그냥 있으면 정보를 좀 더 주는 거고, 없으면? 그냥 없는 거예요. 네, 이게 답니다. 겨우 이거였다고요! **명사, 동사, 형용사가 놓이는 위치에 따라서 1~5형식을 구분**할 수 있는 것!

자, 그럼 다음 장에서는 바로 이 1~5형식을 확실하게 구분해 볼게요.

명사, 동사, 형용사, 부사, 이 4개의 품사들을 보기 좋게 정리해 봤습니다! 한 번 쭉 읽고 넘어가면 좋을 것 같아요.

명사(Noun) : 주어(S), 목적어(O), 보어(C) 역할

명사는 **사람, 사물, 장소나 눈에 보이지 않는 것 등의 이름**을 가리키는 말입니다. 예를 들면, **teacher**(선생님), **dog**(개), **pencil**(연필), **house**(집), **value**(가치) 등.

Water is clean. (주어 역할)

I make a doll. (목적어 역할)

The man became a doctor. (보어 역할)

> 명사는 수를 셀 수 있는 경우(가산명사)에 a doll(한 개의 인형)/dolls(인형들) 이렇게 a- 나 -s를 붙여 줍니다. 셀 수 없는 경우(불가산명사)는 water(물) 처럼 아무것도 붙이지 않습니다. (뒤에서 자세히 다룰 테니 이 정도만 알고 계세요.) 명사의 범위가 정해져 있을 때는 'the'를 붙이는데, the는 가산명사에도 불가산명사에도 다 붙일 수 있습니다. 이렇게 말이죠.
>
> • The doll is good. (가산의 단수)
> • The dolls are good. (가산의 복수)
> • The water is clean. (불가산)

동사(Verb) : 서술어 역할

동사는 문장 내에서 서술어 역할을 하는데, **주어의 동작, 상태, 움직임**을 나타냅니다.

He works hard. (동작)

The girl is pretty. (상태)

형용사(Adjective) : 명사 수식, 보어 역할

형용사는 **문장 내에서 명사를 수식(한정적 용법)**하는데, 단독으로 쓰일 때는 명사를 앞에서 꾸미지만 뒤에 수식어구를 데리고 오면 뒤에서 꾸밉니다.

This is the useful book. (전치 수식)

This is the book useful for children. (후치 수식)

형용사가 문장 내에서 보어(서술적 용법) 역할을 할 때는 2형식에서 주격 보어, 5형식에서 목적격 보어로 쓰입니다.

The book is useful. (주격보어)

I think the book useful. (목적격보어)

부사(Adverb) : 동사, 형용사, 다른 부사, 문장 전체 수식
(명사를 뺀 나머지를 다 꾸밀 수 있음)

부사는 원칙적으로는 **동사를 꾸미는 품사**이지만 동사를 꾸미는 것이 곧 문장을 꾸미는 것이기 때문에 그냥 간단하게 명사 빼고 다 꾸민다고 생각하면 편합니다.

He speaks English well. (동사 수식)

He is very kind. (형용사 수식)

I love you very much. (부사 수식)

Earnestly, he works hard. (문장 전체 수식)

5형식의 원리와 구분법

1~5형식 평생 구분하는 방법이 궁금하신가요?

여러분, 이제 다음 질문에 숨도 안 쉬고 대답할 수 있겠죠?

run은 몇 형식 동사인가요?
look은 몇 형식 동사인가요?

이런 질문을 받았을 때 이제 더 이상 "**run**은 '달리다'니까 1형식, **look**은 '~처럼 보이다'니까 2형식!"이라고 단정하는 게 아니라, 문장의 상황에 따라 다르게 해석될 수 있다는 것을 이해하셨을 거예요. 자, 그렇다면 아래 문장들도 해석이 잘 될까요?

I found the book easy.

I found the book easily.

She made him a doll.

She made him a doctor.

네, 멈칫해도 괜찮아요. 이 녀석들은 우리가 아직 다루지 않은 4형식과 5형식 문장들입니다. 이 녀석들까지 알고 나면 이제 5형식은 우리 손 안에 있는 거예요!

우리는 앞에서 영어의 품사는 8개지만 실제 쓰이는 품사는 4개라는 것을 배웠어요. 이 품사와 문장 성분의 관계는 아래와 같았죠.

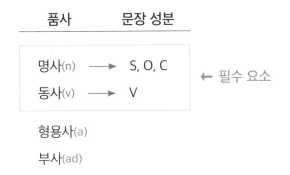

명사와 동사는 필수 요소로 '주어+동사' 문장을 만듭니다. 형용사는 명사를 꾸미고, 부사는 동사를 꾸미죠. 이 기본적인 상관관계를 이용하여 5형식을 만드는데, 여기서 다시 질문! **run**은 몇 형식 동사인가요? '달리다'니까 자기 자체로 완전해서 1형식이라고요? **look**은요? '~처럼 보이다'니까 2형식이라고요?

No! 여러분, 이건 질문 자체가 잘못된 겁니다. 다시 한번 말하지만 정답은 '몰라요'에요. **5형식이라는 건 동사 하나만 떨어트려 놓고 봐서는 알 수가 없어요!** 애당초 5형식이라는 건 동사 뒤에 뭐가 나왔는지에 따라서 형태를 5가지로 분류한 것을 말하니까요. 동사만 딱 보고 얘는 몇 형식이라고 정의를 내리는 게 아니라 문장을 보고 구분할 줄 알아야 한다는 뜻이에요. 그런데 이 방법이 또 엄청 간단해요!

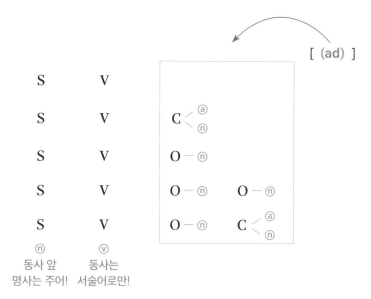

보는 것처럼 5형식을 만드는 데 필요한 품사는 명사, 동사, 형용사뿐이고, 문장의 형태적인 완전성이 아닌 의미의 완전성을 위해 부사도 들어갈 수 있습니다. 즉 **품사 중 문장을 형성하는 데 쓰이는 것은 명사, 동사, 형용사, 부사 4개의 품사뿐**이라는 것을 반드시 이해합시다!

앞에서도 말했지만, 모든 문장은 '주어+동사'를 기본으로 하고, 그 뒤에 어떤 품사가 오느냐에 따라 1~5형식으로 나뉘며, 명사, 동사, 형용사, 부사의 위치에 따라 1~5형식의 패턴이 정해진다! 이겁니다.

Pattern 1

S V a/ad → S V ⓐ – 2형식(이때 형용사를 '형용사보어'라고 부름)

　　　　　　 → S V (ad) – 1형식

Pattern 2

S V n → S V ⓝ (주어와 같은 명사일 경우) – 2형식(이때 명사를 '명사보어'라고 부름)

　　　　 → S V ⓝ (주어와 다른 명사일 경우) – 3형식(이때 명사는 '목적어')

Pattern 3

S V O n → S V O ⓝ (목적어와 다른 명사) – 4형식(이때 동사는 '주다'의 뜻)

→ S V O ⓝ (목적어와 같은 명사) – 5형식(목적어+목적보어가 주술 관계)

Pattern 4

S V O a/ad → S V O ⓐ (목적어 수식) – 5형식(목적어+목적보어가 주술 관계)

→ S V O (ad) (동사 수식) – 3형식

자, 그럼 정리하고, 잊기 전에 기습 **Test!** (**pattern** 1과 2는 앞서 배운 내용으로 복습할게요.)

Pattern 1 S V ⓐ – 2형식 (동사의 의미가 죽음)

(ad) – 1형식 (동사의 의미가 살아 있음)

아래 문장을 해석해 보세요!

1 John went mad. →

2 John went madly. →

3 Heart beats irregularly. →

4 Leaves turned yellow. →

5 The frog grew slowly. →

6 This place looks beautiful. →

1 John went mad. → John은 미쳤다. (2형식)

2 John went madly. → John은 미친 듯이 달렸다. (1형식)

3 Heart beats irregularly. → 심장이 불규칙적으로 뛴다. (1형식)

4 Leaves turned yellow. → 나뭇잎이 노래졌다. (2형식)

5 The frog grew slowly. → 그 개구리는 느리게 자랐다. (1형식)

6 This place looks beautiful. → 이 장소는 아름다워 보인다. (2형식)

아래 문장이 몇 형식인지 쓰고, 해석해 보세요!

1 She became a teacher. (형식)
→

2 Long hair becomes her. (형식)
→

3 He proved a doctor. (보어? 목적어?)
→

4 He proved his theory. (보어? 목적어?)
→

5   Tom moved. (형식)

    ➡

6   Tom moved the chair. (형식)

    ➡

같이 풀어 볼까요?

1   She became a teacher. ➡ 그녀는 선생님이 되었다. (2형식)

2   Long hair becomes her. ➡ 긴 머리카락은 그녀에게 어울린다. (3형식)

3   He proved a doctor. (보어) ➡ 그는 의사로 판명 났다.

4   He proved his theory. (목적어) ➡ 그는 그의 이론을 증명했다.

5   Tom moved. ➡ Tom이 움직였다. (1형식)

6   Tom moved the chair. ➡ Tom은 그 의자를 움직였다. (3형식)

이제 패턴 1과 2는 쉽게 구분할 수 있겠죠?

자, 3번째 패턴부터는 앞에서 배운 내용이 아닌 새로운 이야기가 나갑니다. 집중해 주세요!

목적어 뒤에 명사가 또 나오면 4형식으로 사용되었을 수도, 5형식으로 사용되었을 수도 있습니다. 이 둘을 어떻게 구분할까요? 먼저 다음 문장에서 **a doll**과 **a doctor**가 각각 어떻게 사용되었는지 볼까요?

She made him a doll.

She made him a doctor.

여기서 **a doll**은 목적어, **a doctor**는 보어로 사용되었는데요, 구분법은 아주 간단합니다. **목적어(him) 뒤에 나온 명사(a doll/a doctor)가 그 앞에 있는 명사와 동일한 것을 가리키면 보어이고, 다르면 목적어입니다.**

첫 문장의 경우 **him ≠ a doll**이므로 목적어, 따라서 4형식이고, 아래 문장은 **him = a doctor**, 즉 **him**이 누군지를 보충 설명하고 있으니까 보어, 따라서 5형식입니다. 너무 쉽죠? 그럼 해석도 해 볼게요.

She made him a doll.　그녀는 그에게 인형을 만들어 주었다.

She made him a doctor.　그녀는 그를 의사로 만들었다.

4형식 동사의 경우 목적어가 2개이고, 특별한 경우를 제외하면 동사에 '주다'라는 말을 넣어서 해석하는데요, 이런 이유로 4형식 동사를 **'수여동사'**라고 부르기도 합니다. 예를 들어 가장 기본적인 '주다'의 의미를 가지고 있는 **give**를 생각해 봅시다.

I give him a doll.　나는 그에게 인형을 준다.

목적어가 2개 나오는 이유는 '주다'라는 동사의 의미 때문인데요, '주다'라는 동작을 하기 위해서는 2가지가 필요합니다. '줄 것' 그리고 그것을 '줄 대상'이겠죠. 4형식의 경우 줄 대상이 먼저 나오고, 줄 것이 뒤에 나옵니다. 그래서 어순이 아주 중요해지죠.

I give <u>him</u> <u>a doll</u>.

줄 대상　줄 것

그런데 재미있는 건, 동사가 4형식으로 사용되면 어떤 동사가 되었건 '주다'라는 말을 붙여서 해석해야 한다는 겁니다. 무슨 말이냐고요?

I make <u>him</u> <u>a doll</u>.
목적어 목적어

여기서 make는 '만들다'라는 뜻이지만, 보세요! 목적어가 2개 왔죠? 이 경우에는 **make를 '만들다'가 아닌 '만들어 주다'로 해석**하면 된다, 이 말입니다! 따라서 '나는 그에게 인형을 만들다'가 아니라 '나는 그에게 인형을 만들어 준다'가 됩니다. 하나 더 볼게요.

I buy <u>him</u> <u>a book</u>.
목적어 목적어

여기서도 buy는 원래 '사다'라는 뜻이지만 목적어가 2개, 역시 4형식으로 쓰였죠? 그럼 어떻게 해석할까요? 네, 맞습니다. '나는 그에게 책을 사 준다.'
와! 너무 쉽죠?

I make <u>him</u> <u>a doctor</u>.
목적어 보어

반면 5형식으로 사용된 위 문장에서 **him**은 곧 a doctor인데, 이때 해석은 '목적어를 보어인 상태로 동사한다'와 같이 하게 됩니다. 즉 '나는 그를 의사로 만든다'라고 해석이 되죠. 굉장히 특이해 보이지만 이 점만 기억하면 쉽습니다.

목적어와 명사가 같으면 보어, 다르면 목적어!

I call him John.　나는 그를 John이라고 부른다.
　　　목적어　보어

어때요? 어렵지 않죠? 그럼 잊기 전에 또 다시 기습 문제 들어갑니다!

아래 문장이 몇 형식인지 쓰고, 해석해 보세요!

1　Tom made her coffee. (　　형식)
　➡

2　Tom made her a teacher. (　　형식)
　➡

3　People called the baby John. (보어? 목적어?)
　➡

4　Your words gave me strength. (보어? 목적어?)
　➡

5　He named his daughter Juliet. (보어? 목적어?)
　➡

6　He sent me a letter. (보어? 목적어?)
　➡

---

1 Tom made her coffee. → Tom은 그녀에게 커피를 만들어 줬다. (4형식)

2 Tom made her a teacher. → Tom은 그녀를 선생님으로 만들었다. (5형식)

3 People called the baby John. (보어) → 사람들은 그 아기를 존이라고 불렀다.

4 Your words gave me strength. (목적어) → 당신의 말이 나에게 힘을 줬다.

5 He named his daughter Juliet. (보어) → 그는 그의 딸을 Juliet이라고 이름 지어 불렀다.

6 He sent me a letter. (목적어) → 그는 나에게 편지를 보내 주었다

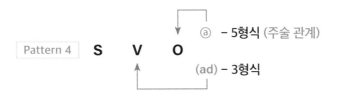

Pattern 4   S   V   O
@ – 5형식 (주술 관계)
(ad) – 3형식

자, 이제 대망의 마지막 패턴이에요! 목적어 뒤에 형용사나 부사가 오는 경우, 이때는 어떻게 구분을 하면 될까요? 아래 두 문장에서 맞는 답을 골라 보세요.

Jane made him (happy/happily).
Jane made a cake (happy/happily).

쉽게 선택하셨나요? 첫 번째 문장의 답은 **happy**이고, 두 번째 문장의 답은 **happily**죠. 첫 번째 문장의 경우 **happy**는 형용사니까 **him**을 꾸며야 '그가 행복하다'로 의미가 딱 맞아떨어지고, 두 번째 문장의 경우는 **happy**를 고르면 **happy**가 **cake**를 꾸미게 되는데, 케이크가 행복할 수는 없잖아요? 그러니 '행복하게'라는 뜻의 **happily**가 답이 되겠죠.

그래서 첫 번째 문장은 목적어 뒤에 형용사가 쫓아온 형태이므로(목적어를

설명해 주는 보어가 왔으므로) 5형식이
되고, 두 번째 문장은 목적어 뒤에 부사가
나와도 문장의 구성 요소에 영향을 주지
않기 때문에 3형식 문장으로 보면 됩니다.

　그런데 문제가 있어요! 앞의 두 문장을
해석해 볼까요?

Jane made him happy.　Jane은 그를 행복하게 만들었다.
Jane made a cake happily.　Jane은 행복하게 케이크를 만들었다.

　어라? 분명 다른 형식이었는데, 우리말로 옮기니 똑같이 '행복하게'로 해석이
되었어요. 이것이 바로 우리말의 함정이에요. '~하게'라는 단순한 해석법에 속
지 마세요! 엄연히 **happy**가 뭘 설명해야 하는지에 따라 문장의 형식은 달라지
니까요. 그럼 또 연습해 볼게요.

> ### 아래 문장이 몇 형식인지 쓰고, 해석해 보세요!

1　I found the book easy. (　　형식)
　→

2　I found the book easily. (　　형식)
　→

3　I play the guitar (earnest/earnestly).
　→

4　He considers her (intelligent/intelligently).
　→

1 I found the book easy. ➡ 나는 그 책이 쉽다는 것을 발견했다. (5형식)

2 I found the book easily. ➡ 나는 그 책을 쉽게 발견했다. (3형식)

3 I play the guitar (earnestly). ➡ 나는 기타를 열정적으로 연주한다.

4 He considers her (intelligent). ➡ 그는 그녀가 지능이 있다(똑똑하다)고 여긴다.

어때요? 문장의 5형식, 그렇게 어려운 개념은 아닌 것 같죠? 다만 실제 다양한 문장들을 접하게 되면 5형식 구분은커녕 해석조차 어려울지도 몰라요. 그 이유는 이 **5형식이라는 뼈대에 '구와 절'이라고 부르는 요소가 추가되면서 문장이 복잡해지기 때문**인데요, 아래 3개의 문장을 함께 볼게요.

The man looks happy.

The man with much money **looks happy.**

The man who has much money **looks happy.**

이 3개의 문장은 전부 2형식인데, 뭔가 복잡하고 서로 달라 보이는 건 문장 중간에 잔뜩 들어간 단어들 탓이죠. 바로 이것을 '구와 절'이라고 부릅니다. **with much money**는 '구', **who has much money**는 '절'이에요. 둘 다 기본 정의는 같습니다.

'구' – 단어가 모여서 하나의 의미 덩어리를 이루고, 문장 내에서 명사, 형용사, 부사 역할을 하는 것

'절' – 단어가 모여서 하나의 의미 덩어리를 이루고, 문장 내에서 명사, 형용사, 부사 역할을 하는 것

The man with much money **looks happy**.

(많은 돈을 가지고 있는) 그 남자는 행복해 보인다.

The man who has much money **looks happy**.

(많은 돈을 가지고 있는) 그 남자는 행복해 보인다.

그래서 위 첫 번째 문장의 **with much money**는 '형용사 구', 두 번째 문장의 **who has much money**는 '형용사 절'이 됩니다. "네? 두 개가 뭐가 다른데요?"라고 묻고 싶죠? 네, 큰 차이가 있습니다! 구와 절은 '단어가 모여서 의미의 덩어리를 이뤄 명사, 형용사, 부사 역할을 한다'는 공통점이 있지만 큰 차이점도 하나 있습니다.

구 = 동사가 없는 의미의 덩어리
절 = 동사가 있는 의미의 덩어리

다시 보니 **with much money**에는 동사가 없죠? 그래서 '구'입니다. **who has much money**에는 **has**라는 동사가 있죠? 그래서 '절'입니다. 이제 우리는 '구와 절'이라는 것에 대해 더 자세히 알아보려고 합니다!

다음 장에서는 먼저 '구'에 대해 알아볼 건데요, '구'라는 것을 이해하기 위해 꼭 알고 넘어가야 하는 **전치사**부터 건드려 볼 거예요. 그리고 이제 서서히 난이도가 올라갑니다. 하지만 걱정하지 마세요. 집중하고 따라오면 얼마든지 이해 가능하도록 잘 설명해 드릴게요!

1~5형식 구분하기

아래 문장이 몇 형식인지 쓰고, 해석해 보세요!

1 The train started. (　　형식)
   →

2 Our company started a new business. (　　형식)
   →

3 The fall stunned me. (　　형식)
   →

4 They filmed the show. (　　형식)
   →

5 Tom is there. (　　형식)
   →

6 Tom is polite. (　　형식)
   →

※ 정답과 해설은 p.345.

7   We get old. (형식)
　→

8   She made coffee. (형식)
　→

9   The news made him very happy. (형식)
　→

10 This room would make a nice office. (형식)
　→

11 The lady made us coffee. (형식)
　→

12 The leaves turned brown. (형식)
　→

13 The earth turns slowly. (형식)
　→

14 The police found the child safe and well. (형식)
　→

15 We find the lost key fortunately. (형식)
　→

궁금증 3

어려운 전치사,
해결 방법 없을까요?
(feat. '구'에 대하여)

앞서 문장의 5형식과 그 구성 요소들에 대해 배웠습니다. 그런데 5형식을 완벽하게 이해하고 있다고 해도 실전에서 만나는 문장들은 그렇게 호락호락하지가 않습니다. 예를 들어 볼게요.

The man works.

1형식 문장이죠? 간단하게 해석이 가능할 거예요. 그런데 여기에 전치사를 추가하게 되면?

In Korea, the man of outstanding ability works at the factory.

이런 문장이 나올 수 있습니다. 어때요? 훨씬 어렵다는 생각이 드나요? 그런데 이 문장 역시 그냥 1형식 문장일 뿐입니다. 겨우 전치사만 추가되었다고 이렇게 문장이 확 어렵게 느껴지다니 해결 방법이 없을까요?
이번 장에서는 바로 이런 전치사에 대해 알아보는 시간을 가져 보려고 합니다.

전치사+명사구 궁금하신가요?

전치사의 쓰임 및
공부 방법

전치사만 추가되어도 영어 문장이 달라집니다!

The government gave citizens the right.

정부는 시민들에게 그 권리를 주었다.

The government of the country **gave millions** of citizens **the right** to a fair trial.

그 국가의 **정부는** 수백만 명의 시민들에게 공정한 재판에 대한 **권리를** 주었다.

겨우 전치사 3개가 추가되었을 뿐인데 해석하는 데 어려움이 느껴지죠? 지금부터 우리가 흔히 '전치사+명사구'라고 부르는 형태에 대해 자세히 알아보겠습니다.

앞서 문장이 어려워지는 이유로 '구'와 '절'에 대해 이야기했는데, 이 중 먼저 '구'에 대해 설명해 볼게요. 정말 다행히도 우리가 '구'라고 부르는 것들의 종류는 매우 적습니다. 딱 3가지 경우만 알고 있으면 돼요.

1. 전치사+명사구
2. **to R**
3. **R-ing**

이렇게 3가지 중 제일 먼저 전치사+명사구에 대해 알아봅시다!

전치사는 영어로 preposition = pre(앞)+position(위치)의 뜻으로 **'앞에 위치하는 말'**이라는 의미를 가지고 있습니다. 그렇다면 무엇의 앞에 위치한다는 걸까요? 바로 '명사' 앞입니다. 그래서 **전치사는 단독으로는 절대 쓰지 않고, 뒤에 명사를 데리고 와서 전치사와 명사가 하나의 덩어리**가 되어 의미를 가지게 됩니다.

in water 물 안에서

at a rate 속도로

by the man 그 남자에 의해

on the hill 언덕 위에

for him 그를 위해

전치사+명사구
→ 수식어 역할(형용사 or 부사 역할)

바로 이렇게 말이죠! 이를 '전치사+명사구', 줄여서 **'전명구'**라고 부릅니다. 이 전명구는 별거 아닌 것 같지만, 문장 내에서 빼놓을 수 없는 중요한 표현법으로 **'형용사나 부사'의 역할**을 하게 됩니다.

여기서 주목! 전명구는 문장 내에서 절대 주어나 목적어의 역할을 하지 못합니다. 주어와 목적어는 명사가 하는 역할이니까요. 예를 들어 볼게요.

in the house → 전치사+명사구죠? 이것을 문장 안에 집어넣으면,

→ The man (in the house) looks happy.

그 집에 있는 그 남자는 행복해 보인다. (형용사 역할)

→ I live (in the house).

나는 그 집에서 산다. (부사 역할)

자, 위의 첫 번째 문장에서는 **in the house**가 **the man**을 꾸미고 있죠? 이렇게 명사를 꾸미는 걸 우리는 '형용사'라고 부르고, '**그 집에 있는**'으로 해석하게 됩니다. 즉 **끝이 '~ㄴ'으로 해석되면 형용사 역할**을 한다고 보면 되는데, 앞에 명사가 나오고 뒤에 전명구가 나오면 대부분의 경우 형용사의 역할을 하는 전명구라고 보면 됩니다.

반면 두 번째 문장은 '나는 살고 있다 / **그 집에서**'라고 해석되는데, 이때 **in the house** 앞에 명사가 없죠? 그러면 **그냥 부사로 사용**되었다고 생각하면 편합니다.

그런데 여러분, **이 전명구가 형용사 역할을 하는지 부사 역할을 하는지를 굳이 고민하지 마세요!** 그냥 전명구는 수식어니까 괄호로 묶어 놓고, **조금 더 부가적인 정보를 주는 용도로 사용**된다고 생각하면 될 것 같아요. 어차피 전명구는 문장 내에 없다고 해서 틀린 게 아니니까요.

The man looks happy.
→ The man with money looks happy.

이렇게 내용을 좀 더 추가해 주는 용도라고 이해하시면 됩니다.

전명구를 통해 말하고 싶은 내용을 더 풍부하게 해 준다!

자, 그럼 전명구의 특징을 살펴볼게요.

특징 1 자리가 (어느 정도) 자유로움

(In the house) **the man makes it**. → 문장 앞

The man (in the house) **makes it**. → 문장 중간

The man makes it (in the house). → 문장 끝

물론 자리에 따라 해석이 조금씩 달라지긴 하지만 큰 차이는 없어요!

특징 2 얼마든지 길어질 수 있다.

전명구는 전치사에서 시작해서 명사까지 한 덩어리라서 얼마든지
길어질 수 있어요. (수식어가 붙기 시작하면요.)

The man (in the house) **makes it**.

The man (in the yellow house) **makes it**. → yellow 추가

The man (in the big yellow house) **makes it**. → big 추가

The man (in the really nice big yellow house) **makes it**.

→ really nice 추가

> "
> The man (in the really nice) big yellow house makes it. (×)
> in에서 괄호를 열어서 nice에서 닫으면 안 됩니다. 반드시 전치사에
> 서 시작해서 명사에서 끝나야 해요!
> The man (in the really nice big yellow house) makes it. (O)
> 이렇게 되어야 맞습니다. ☺
> "

전명구가 문장 내에서 얼마나 큰 역할을 하는지 이제 조금 감이 오나요? 이제
전명구가 들어간 문장들을 연습하며 전명구와 익숙해지는 시간을 가져 볼게요!

전치사+명사구

ex1 <u>The stars</u> <u>appear</u>.
        S   V

별들이 나타납니다.

→ <u>The stars</u> (in the sky) <u>appear</u> (to the eye).
       S   V

(하늘에 있는) 별들이 (눈앞에) 나타납니다.

ex2 <u>The dance</u> <u>is</u> <u>tradition</u>.
        S   V   C

그 춤은 전통이다.

→ **The dragon dance is one** (of the most important cultural traditions) (in China).

드래곤 춤은 (중국에서 가장 중요한 문화적 전통 중) 하나이다.

> 난이도 상승! 어휘 수준을 높여 봤습니다. 구조는 1~5형식에 '전치사+명사구'만 추가되었지만 어휘에 따라 문장이 어려워지는 것을 느껴 보세요. 이제 모르는 단어는 직접 찾아보고 꼭 내 것으로 만드세요. 😊

아래 문장을 해석해 보세요.

1 The style departed from modern dance.
   →

2 Some people talk of a speed virus.
   →

3 Anxiety can begin after three months.
   →

4 The dragon dance is one of the most important cultural traditions in China.
   →

5 They had their future at risk.
   →

6 These performances require the participation of several dancers.
   →

7 I saw the first botanical garden in the United States.
   →

8 Yellow dust storms spread out over Asia.
   →

9 The authorities can deny millions of people access to the right.
   →

10 Because of the tremendous distances between stars, the changes are barely perceptible here.
   →

11 The ozone layer absorbs much of the Sun's ultraviolet radiation.
   →

※ 정답과 해설은 p.345.

전명구를 보는 시각에 따라 해석이 조금씩 달라질 수 있어요!

I saw the man (in the house).

여기서 **in the house**가 **the man**을 수식하는 형용사구로 사용되었다고 보면, 나는 '그 집에 있는 그 남자를 보았다'로 해석할 수 있겠지만, **in the house**가 **man**을 수식하는 게 아니라면 '나는 그 집에서 그 남자를 보았다'처럼 해석이 됩니다. 정답은 없다는 거죠. 그러다 보니 이런 일도 벌어집니다.

● 동사구

<u>**Some people talk**</u> (of the town). 몇몇 사람들은 (그 도시에 대해서) 말합니다.
　　　S　　　　V

위와 같이 동사 뒤에 전치사가 바로 올 때 자동사 뒤의 전명구를 따로 나온 것으로 분석할 수도 있지만,

<u>Some people <u>talk of</u> the town</u>. 몇몇 사람들은 그 도시에 대해서 말합니다.
　　　S　　　　V

이렇게 **talk of**를 **통째로 하나의 타동사처럼 취급**해서 '~에 대해서 말하다' 라고 봐도 됩니다. '자동사＋전치사'로 보든 '통째로 타동사'로 보든 큰 상관이 없다는 말이죠. 다만 유의할 것!

consist of

이 경우는 조금 다릅니다. consist of의 경우에는 'consist+of' 이렇게 따로 보지 말고 통째로 생각하면 좋습니다!

consist는 '**co-** (함께)**+-sist**(서 있다)'라는 뜻으로 **주어가 of 뒤에 있는 것들을 한데 모아 세워서 만들어진 것**을 말하다 보니 아무래도 '자동사+전치사'의 형태로 보는 것이 더 불편하다고 생각됩니다. 이런 식으로 만들어지는 형태를 '**동사구**' 즉, '**숙어**'라고 부릅니다.

> **put up with** ~을 견디다
> **take part in** ~에 참석하다
> **pay attention to** ~에 주의를 기울이다

이와 같이 동사 뒤에 바로 전치사 따위가 붙어서 **하나의 덩어리가 동사로 사용되는 형태들**은 통째로 외우길 추천합니다. 아래 문장들처럼요.

> **I live** (in the house). 나는 살고 있다. / (그 집에서)
> **I stand** (on the hill). 나는 서 있다. / (그 언덕 위에)
> **I work** (with Jane). 나는 일한다. / (Jane과 함께)

> vs

> **The group** consists of **five men**. 그 그룹은 5명의 남자들로 구성되어 있다.
> **Children** depend on **their parents**. 아이들은 그들의 부모에게 의존한다.
> **She** searched for **the truth**. 그녀는 진실을 찾았다.

3-2

우리나라 사람들이 특히
전치사를 어려워하는 이유
그리고 해결법

전치사의 비밀이 궁금하신가요?

구조적인 문제 말고도 전치사와 관련해서 어려운 부분이 하나 더 있어요. 예를 들어 **on**이라는 전치사를 볼게요. '**on**' 무슨 뜻인가요? '**on = ~위에**' 보통 이렇게 알고 있죠?

> **The man stands on the hill.** 그 남자는 언덕 위에 서 있다.
> **Tom dances on the stage.** Tom은 무대 위에서 춤춘다.

그럼 아래 문장은 어떤가요?

> **I turn on the radio.**
> **I saw the fly on the wall.**
> **I depend on his help.**

분명 **on**은 '~위에'라고 했는데, 그렇게 해석이 안 되는 건 왜죠?

I turn on the radio. 나는 라디오 위에서 돈다??

설마 이렇게 해석한 사람 있나요? 그래도 이 문장은 '라디오를 켜다'라고 제대로 해석하신 분들이 많을 것 같아요. 그런데 왜 그렇게 되는 거죠? 분명히 **on**은 '~위에'라고 했는데 말이에요. 나머지 두 문장도 마찬가지예요.

I saw the fly on the wall. 나는 벽 위에 파리를 보았다??
I depend on his help. 나는 그의 도움 위에 의존한다??

depend on을 통째로 '~에 의존하다'로 외운 사람은 올바르게 해석을 했겠지만, 여기서도 왜 **on**을 쓰는지는 아마 잘 모르셨을 거예요. 위의 예문들 모두 제가 처음으로 영어 공부를 시작했을 때 벽으로 느껴졌던 문제들입니다.

자, 가장 먼저 기억할 것은 '**전치사는 절대 우리말과 일대일 대응이 되지 않는다**'입니다. 사실 **on**에는 '~위에'라는 뜻이 없습니다! 그렇다면 **on**의 뜻은 뭘까요?

on은 접촉!

붙어 있는 상태를 생각하면 됩니다. 그럼 아까 예문을 다시 볼게요!

The man stands on the hill. 그 남자는 언덕 위에 서 있다.
Tom dances on the stage. Tom이 무대 위에서 춤춘다.

이 문장이 이렇게 해석되는 이유는 간단합니다. 그림으로 생각해 보세요. 그 남자가 언덕에 서 있다면 언덕과 그 남자가 붙어 있는 상태겠죠? 그래서 **on**을 쓴 겁니다. 단지 중력 때문에 무언가가 붙어 있는 경우, 강제로 풀이나 테이프, 본

드 등으로 붙여 놓은 게 아닌 이상 '위에' 있을 수밖에 없겠죠? 그러다 보니 '~위에'라고 해석이 되는 경우가 많았던 거예요. 하지만 아래 문장은 어떤가요?

I saw the fly on the wall. 나는 벽에 붙어 있는 파리를 보았다.

이 문장의 경우 파리가 벽에 '붙어 있는' 상태를 묘사한 거죠.

I turn on the radio. 나는 라디오를 켠다.

사실 이 문장은 전자제품이 작동되는 원리를 알면 더 쉽습니다. 그 전에 먼저, **on**과 정반대의 뜻을 가진 전치사가 뭔지 아세요? 바로 **off**입니다. **off**는 '떨어져 있는 상태'를 나타냅니다. 좀 더 직관적인 예시를 보여 드릴게요.

get on 타다 / **get off** 내리다

I get on the train. 나는 기차에 탄다.

머릿속에 그림을 그려 볼까요? 내가 기차에 올라타면 기차랑 나랑 붙어 있는 상태가 되죠? 그래서 **get on**은 '타다', 반면 **get off**는 기차에 탑승 중이던 내가 기차에서 떨어져 나가는 모습이 그려지나요? 그래서 '내리다'라고 표현합니다. **혹시 세상 모든 전자제품을 켤 때 on, 끌 때 off**를 쓰는 거 알고 계셨나요?

switch on 켜다 / **switch off** 끄다

모든 전자제품은 전기가 통해야 작동을 하죠? 혹시 어렸을 때 손전등 만들기

해 본 적 있나요?

이렇게 손전등을 만들 때 오른쪽 하단의 그림처럼 스위치를 떨어뜨려 놓으면 전기가 안 통하니까 불이 안 들어와요. 하지만 저 스위치를 붙여 주면 전기가 통하면서 불이 들어오겠죠? 이렇게 모든 전자제품이 켜지고 꺼지는 방식은 전기가 통하도록 스위치를 붙이거나(on) 떨어뜨리는(off) 것! 그래서 라디오를 켜는 것도 **turn on**, 끄는 것도 **turn off**입니다.

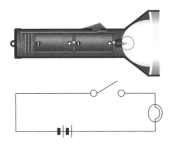

그런데 **왜? 하필이면 동사 turn을 쓰는 걸까요?** 그건 바로 최초의 라디오는 주파수를 맞추기 위한 동그란 스위치가 있어서 그걸 돌려서 켜고, 돌려서 꺼야 했기 때문입니다.

요즘 라디오는 이렇게 생기지 않았지만 여전히 '라디오를 켜다'는 **turn on the radio**입니다.

언어라는 건 참 재밌는 것 같아요. 이런 식으로 굳어져 바뀌지 않는 표현들이 꽤 많거든요.

이런 전화기 본 적 있나요? 지금은 이런 모양의 다이얼 전화기를 거의 쓰지 않지만 그럼에도 전화기 로고는 여전히 ☎ 이런 걸 쓰잖아요.

하나 더 예를 들어 보자면, 컴퓨터로 문서 작업할 때 저장하기 버튼이 어떻게 생겼죠? 💾 바로 이 모양인데 여러분은 이게 뭔지 아세요? 바로 '플로피 디스켓'이라고 하는 저장 장치입니다. 지금은 어디서도 볼 수가 없죠. 그런데도 우리는 이 모양을 보면 '저장하기'를 떠올립니다.

신기하죠? **이런 식으로 굳어져서 생긴 게 바로 수많은 숙어들**입니다. 따라서 전치사를 공부할 때는 우리말로 일대일 대응시키기보다 기본 의미를 이해한 후 문장에서 어떻게 쓰이는지를 볼 줄 아는 능력이 필요합니다. 자꾸 보다 보면 분명 익숙해지실 거예요!

> depend on처럼 '접두사+어근'을 이용한 경우도 있어요.
>
> - de = 아래
> - pend = 매달리다 (pendant 펜던트 = 목걸이인 걸 생각하면 쉽게 이해될 거예요!)
>
> depend는 '아래에서 매달려 있다'라는 뜻을 가집니다. 여기서 '접촉'의 의미가 나와서 on을 쓰는 거라고 생각하면 되겠죠? 절벽 끝에 사람이 매달려 있는 그림을 한번 상상해 보세요. 여기서 떨어지면 큰일이 나겠죠. 그러니 '절벽 끝에 매달려 있다 = 절벽 끝에 의존하고 있다'라는 뜻이 된 겁니다. 왜 depend가 on을 데려다 쓰는지 이해가 되죠? ☺

자, 앞으로 전치사는 이렇게 각각의 전치사에 맞는 그림을 머릿속에 그려 보면서 이해하고, 많은 예문들을 해석해 보면서 익히면 좋겠습니다. 그럼 이제 다양한 예문들을 연습해 볼게요. 이번 연습 문제는 윤문법 유튜브 채널 전치사 영상을 참고하며 봐 주세요!

다양한 전치사 연습

1. on

아래 문장을 해석해 보세요.

전치사 on이
궁금하신가요?

1   I put the box on the table.

→

2   You must put this cream on your face.

→

3   I put coffee on the shopping list.

→

4   I put on gloves / the hat / the shoes.

→

5   I don't understand how he put on the play.

→

6   I go there on foot.

→

7   I am on a trip in America.

→

※ 정답과 해설은 p.346.

8   I am on the computer.
    ➜

9   the book on the desk
    ➜

10 I stand on the hill.
    ➜

다음 중 맞는 것을 고르세요.

11 I bestow the award _____ him.
    (A) to   (B) on   (C) for

12 I am hooked _____ the book.
    (A) on   (B) into   (C) for

on vs off

아래 문장을 해석해 보세요.

13 get on the bus / get off the bus
    ➜

14 get on the train / get off the train
    ➜

    cf) get in the taxi ➜
        get out the taxi ➜

15 turn on the radio / turn off the radio

→

16 I turn on the stage.

→

17 online / offline

→

18 kick off

→

19 Keep off the grass.

→

20 on duty / off duty

→

2. of

아래 문장(표현)을 해석해 보세요.

전치사 of가
궁금하신가요?

1   a leg of the table

→

2   the top of the hill

→

3   the role of the teacher

→

4 the works of Milton
   →

5 I deprive him of money.
   →

6 I cure him of his disease.
   →

7 I clear my desk of papers.
   →

8 I strip a tree of its bark.
   →

9 one of the people →
   some of the people →
   most of the people →
   all of the people →

10 this time of the day
    →

11 Water consists of hydrogen and oxygen.
    →

12 a cup of water
    →

13 a can of juice
    →

14 a pack of milk

→

15 a bottle of wine

→

16 I think of the idea.

→

cf) speak of →

dream of →

complain of →

17 I am proud of working here.

→

18 I am fond of music.

→

19 I am doubtful of its truth.

→

20 I am afraid of meeting her.

→

다음 중 맞는 것을 고르세요.

21 I rob _____.

(A) him of money   (B) money of him

3. about

아래 문장을 해석해 보세요.

전치사 about이
궁금하신가요?

1 I think about the idea.
→

2 It costs about $10.
→

3 The film is about to begin.
→

4 He walks about the town.
→

5 It is the book about the flowers.
→

6 They waited for about an hour.
→

7 It's about 5 o'clock.
→

8 It's about time to start.
→

9 We are about to eat dinner.
→

4. against

아래 문장을 해석해 보세요.

전치사 against가
궁금하신가요?

1   We fight against the enemy.
→

2   She was forced to marry against her will.
→

3   He leaned against the wall.
→

4   She bounced the ball against the wall.
→

5   The rain beats against the window.
→

6   We swim against the current.
→

7   We are playing against the league champions.
→

8   You have to save money against retirement.
→

9   The pearl looked good against her tanned neck.
→

against vs for

10 Are you for or against the death penalty?
    →

11 The jury found for the plaintiff. / The jury found against the plaintiff.
    →

5. to

아래 문장을 해석해 보세요.

전치사 to가
궁금하신가요?

1   He gave a book to me.
    →

2   I got to the station.
    →

3   I walked to the office.
    →

4   The cup fell to the ground.
    →

5   He went to the house.
    →

6   I ate to my heart's content.
    →

7   Drink it to the last drop.

    →

8   The hams were cooked to perfection.

    →

9   He pulled it to the extent of his power.

    →

10 I go to school.

    →

11 He was shot to death.

    →

12 He was married to her.

    →

13 The man tore the letter to pieces.

    →

14 The letter reduced her to tears.

    →

15 I worked from 9 o'clock to 6 o'clock.

    →

6. in vs at

다음 중 맞는 것을 골라 보세요.

전치사 in과 at이
궁금하신가요?

1 (in / at) morning

2 (in / at) afternoon

3 (in / at) evening

4 (in / at) dawn

5 (in / at) noon

6 (in / at) midnight

7 (in / at) 60km/60kg/9 o'clock

7. up

아래 문장을 해석해 보세요.

전치사 up이
궁금하신가요?

1 She turned the volume up.
   ➡

2 Prices are still going up.
   ➡

3 Pull up a weed.
   ➡

4 I ate up the cake.
   ➡

5   I drank up a cup of juice.
    →

6   I clean up my room.
    →

7   I don't give up hope.
    →

8   I set up the computer.
    →

9   I paid up all my debts.
    →

10 I used up all the toilet paper.
    →

11 The restaurant is booked up.
    →

12 Some people dress up and have a party.
    →

13 We need one more player to make up a team.
    →

14 Don't make up the stories.
    →

15 We need to make up.
    →

궁금증 4

나는 사과를 먹는다
→ I eat apple? No!

여러분, 우리가 아는 '명사'라는 개념과 영어에서의 명사는 정말 많이 다른데요, 아래 문장을 한번 볼까요?

I eat apple. (✗) 나는 사과를 먹는다. (O)
I drink water. (O) 나는 물을 마신다. (O)

문제는 첫 번째 문장이에요. 우리말로 '나는 사과를 먹는다.' 전혀 문제가 없는 문장인데 그 문장을 그대로 영어로 옮기면 왜 틀린 문장이 되는 걸까요? 지금부터 그 이유에 대해 알아볼게요!

 셀 수 있는 명사가 궁금하신가요?

영어의 명사는
왜 세는 걸까요?

I eat apple. (×) 나는 사과를 먹는다. (○)

자, 우리말에는 아무 문제가 없는데 영작을 하면 틀린 이유, 왜일까요?

여러분은 '사과'라는 말을 들으면 무엇이 떠오르나요? 당연히 빨갛고 탐스러운 과일이 생각나죠. 그런데 영어를 쓰는 사람들은 **apple**이라는 단어를 들으면 과일이구나 하고 끝나는 게 아니라 이 사과가 몇 개인지를 궁금해 한다는 겁니다. 즉 **언급한 사과가 '한 개'인지 아니면 '여러 개'인지**를 반드시 알아야 한다는 거예요.

그래서 영어에서는 반드시! 이야기하는 명사가 '한 개'인지 '여러 개'인지를 표현해 주어야 합니다.

I eat an apple.
→ 한 개일 때는 a(an)를 붙여서 나타냄('한 개의', '하나의' 정도로 해석)

I eat apples.
→ 2개 이상일 때는 -(e)s를 붙여서 나타냄('~들' 정도로 해석)

이렇게 **a(an)**나 **-(e)s**를 붙여 줘야 한다는 거예요. 이 표시가 없으면 영어를 사용하는 사람들은 이 문장들을 매우 어색하게 느낀답니다. 만약 우리가 그렇게 말한다면?

사과 한 개를 먹을래?

나는 어제 사과들을 먹었어.

어때요? 너무 어색하죠? 이렇다 보니 우리나라 사람들이 정말 어려워할 수밖에 없는 개념이 바로 가산명사와 불가산명사라는 생각이 듭니다.

I drink water. (○) **나는 물을 마신다.** (○)

자, 그럼 이 문장이 영어로도 우리말로도 어색하지 않았던 이유는? 네, 맞아요. **water**의 경우 셀 수가 없는 불가산명사이기 때문이죠. 그리고 불가산명사에는 **a(n)**나 **-(e)s**를 붙이면 절대 안 됩니다. 이렇듯 영어의 모든 명사는 가산, 불가산으로 분류되어 있고, 이는 사전에서 아래와 같이 표기됩니다.

C = countable noun (셀 수 있는 명사)

U = uncountable noun (셀 수 없는 명사)

몇 문장 더 연습 좀 해 볼까요? 먼저 '나는 책을 읽는다'를 영어로 어떻게 쓸까요?

I read a book. (○)

I read books. (○)

네, 위의 두 문장 모두 맞습니다! 책은 한 권, 두 권, 셀 수 있으니까요. 반드시 a(n)나 -(e)s를 붙이는 것 잊지 마세요! 사전을 한번 열어 볼까요?

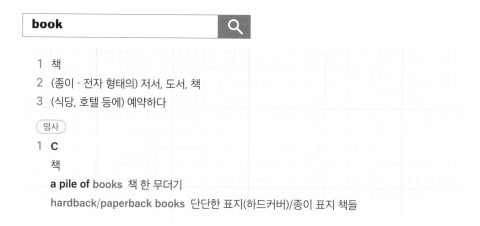

C라는 표기가 보이죠? **셀 수 있는 명사**를 뜻하고, **모든 예문에 a(n)나 -(e)s**가 붙어 있어요.

I like coffee.   나는 커피를 좋아한다. (○)

이 문장에서 **coffee**는 액체라서 한 개, 두 개 셀 수가 없죠? 그래서 **a(n)**도 **-(e)s**도 붙이면 안 됩니다. 역시 사전을 한번 열어 볼게요.

셀 수 없는 명사, 'U' 표기가 보이죠? 자! 이제부터 여러분은 영어 문장에서 명사를 볼 때마다 그 앞에 붙은 a(n), 뒤에 붙은 -(e)s에 주목하게 될 겁니다. **a(n)나 -(e)s가 붙어 있으면 셀 수 있는 거구나, a(n)나 -(e)s가 안 붙어 있으면 셀 수 없는 거구나** 하고요.

그런데 말이죠. **영어의 가산, 불가산명사에는 커다란 맹점**이 있습니다. 지금부터 알려 드릴 테니 잘 따라와 주세요!

water는 정말 불가산명사일까요?

(feat. 영어의 명사를 바라보는 한국 사람의 입장)

자, 앞에서 **water**는 셀 수 없는 불가산명사라고 이야기했죠? 그런데 아래 문장은 뭐죠?

A boat moved across the waters.

아니? **water**에 **s**를 붙여 놨네요. 그럼 틀린 문장인가요? 아뇨, 당황스럽겠지만 여기서 **water**에 **s**를 붙인 이 문장은 아무 문제가 없는 바른 문장입니다.

The wall is made of stone.
I picked up a stone.

위 두 문장은 어떤가요? 첫 번째 문장의 **stone**에는 **a**가 없고 아래 문장에는 **a**가 있죠? 둘 중 무엇이 맞는 문장일까요? 정답은, 둘 다 맞습니다! 아니, 이게 무슨 소리냐고요? 왜 이랬다저랬다 하느냐고요?

여러분, 영어에서 명사를 공부할 때 명심해야 할 것이 하나 더 있어요. 그것은 바로 영어의 명사 대부분이 셀 수 있기도 하고, 없기도 하다는 겁니다. 다시 말해 **무조건 불가산명사, 무조건 가산명사는 거의 없다!** 이 말씀입니다. 이게 딱 정해져 있으면 참 좋을 텐데 말이죠.

그럼 실제 문장에서는 어떻게 구분을 할 수 있을까요?

The wall is made of stone. 그 벽은 돌로 만들어져 있다.

위 문장에서 말하는 상황을 머릿속으로 그려 볼게요. 돌로 만들어진 벽, 즉 **벽의 구성 성분이 돌**이라는 뜻이죠? 따라서 셀 수 없는, a(n)나 -(e)s가 안 붙은 불가산명사입니다.

I picked up a stone. 나는 돌을 하나 들어 올렸다.

그럼 이 문장은 어떤가요? 여기서 말하는 돌은 구성 성분으로서의 돌이 아니라 **돌멩이 하나**를 뜻합니다. 돌이라는 성분을 들어 올린 게 아니라 돌멩이를 들어 올린 거죠. 그래서 이 돌멩이는 한 개, 두 개 셀 수 있는, a(n)나 -(e)s가 붙은 가산명사가 됩니다.

이렇듯 명사는 문장에서 사용되는 의미에 따라 가산명사, 불가산명사로 모습을 바꿉니다. 문장 안에서의 의미만 잘 파악하면 전혀 어렵지 않아요! 그럼 사전을 열어서 확인해 볼게요.

1   U (흔히 명사 앞이나 합성어에 쓰임)

   (흔히 건축 자재로 쓰이는) 돌, 석조

   Most of the houses are built of stone. 그 집들은 대부분 돌로 지어져 있다(석조이다).

   stone **walls** 돌담(석벽)

   a stone **floor** 돌로 된(석조) 바닥

   a flight of stone **steps** (하나의 층계참까지) 한 줄로 된 돌계단(석조 계단)

2   C

   돌멩이, (작은) 돌

   a pile of stones 한 무더기의 돌멩이

   Some children were throwing stones **into the lake.** 아이들 몇 명이 호수에 돌들을 던지고 있었다.

1번은 **U**로 표기되어 있고, 성분으로서의 **stone**을 얘기하고 있죠? 2번은 어떤가요? 셀 수 있는 하나의 돌멩이로 쓰이고 있어요. 이제 조금 이해가 되나요? 몇 개 더 연습해 보면 확실해질 거예요.

I am watching (television/a television).

I bought (television/a television) at the shop.

첫 번째 문장은 '텔레비전을 시청 중'이라는 뜻으로 불가산명사 즉, **television**이 답입니다. 두 번째 문장은 '텔레비전이라는 물건 한 개'를 말하고 있죠? 그래서 **a television**이 정답이 됩니다.

1 C
텔레비전
a color television
컬러텔레비전

2 U
텔레비전 (프로그램)
We don't do much in the evenings except watch television. 우리는 저녁이면 텔레비전을 보는 것 외에 별로 하는 게 없다.

I am (success/a success).

이번 건 조금 어렵습니다. 답부터 말씀드리면 여기서는 **a success**가 정답이 됩니다. 엥? 성공이라는 개념을 셀 수가 있다고? '나는 성공이다??'

아무래도 이상하다고요? 흠. 이럴 때는 뭐다? 사전이다!

success 🔍

1 U
성공; 성과
What's the secret of your success? 당신의 성공 비결은 뭔가요?

2 C
성공한 사람(것), 성공작
The party was a big success. 그 파티는 큰 성공작이었다.

1번 success의 뜻은 바로 우리가 알고 있는 '성공', 그래서 불가산명사입니다. 그런데 2번 success를 보면 '성공한 사람'이라는 뜻이 있죠? 이렇게 su-ccess를 **'사람'으로 취급하고 싶을 때는 a를 붙여 가산명사**를 만들어 주는 겁니다. '**나 = 성공한 사람**'의 관계가 성립이 되기 때문에 **I am a success**라는 문장은 맞는 문장이 되는 거죠.

자, 그럼 이제 우리를 당황시켰던, 이번 장 맨 처음에 나왔던 **waters**에 대해 이야기해 볼게요.

A boat moved across the waters.

이건 조금 개념이 다른 이야기인데, **water**에 **s**가 붙어서 복수형이 되었잖아요? 물이 모인 거예요. 물이 모이면 뭐가 되죠? 바로 '**바닷물**', '**강물**' 따위의 뜻이 되는 겁니다. **I drink water**에서 **water**가 '물'이라는 물질을 뜻한다면, 위 문장에서 **waters**는 '바닷물', '강물'을 뜻하는 거죠. 다만 유의할 점은 **water는 a water로 쓰는 경우는 거의 없고, waters로 쓰이는 경우가 대부분**이라는 것! 이렇게 복수형으로 굳어져서 사용되는 단어의 경우 사전을 찾아보면,

water	🔍

3 pl. (waters)
(특정한 호수 · 강 · 바다의) 물
the grey waters of the River Clyde 클라이드 강의 잿빛 강물
This species is found in coastal waters around the Indian Ocean.
이런 종은 인도양 주위의 연안 바다에서 발견된다.

pl.이라는 표기가 보이죠? 이것은 **plural**의 약자로 '**복수형**'이라는 뜻입니다. 즉 **s**를 붙여서 다른 의미로 사용하는 경우를 뜻하죠. 이렇게 수많은 경우의 수라니! 역시 영어 공부 쉽지 않다고 생각하고 있나요? 지금부터 여러 가지 예문을 통해 연습해 볼게요. 사전을 찾고 다양한 문장을 보며 공부하면 충분히 이해할 수 있습니다. 자주 보는 것만이 최고의 지름길입니다!

가산명사 vs 불가산명사

아래 밑줄 친 단어가 왜 가산/불가산명사로 쓰였는지 생각해 보고 해석해 보세요.

1   They collect <u>wood</u>.
    →

2   She walks in the <u>woods</u>.
    →

3   Man fears <u>fire</u>.
    →

4   <u>A fire</u> broke out last night.
    →

5   She has <u>authority</u> over the people.
    →

6   The <u>authorities</u> investigated the problem.
    →

7   They bought precious <u>cloth</u>.
    →

8   He wears the <u>clothes</u>.
    →

※ 정답과 해설은 p.350.

우리말에는 없는
'관사'라는 개념에 대하여

관사가 궁금하신가요?
● 1탄 ●● 2탄 ●●● 3탄

앞서 셀 수 있는 명사 앞에는 **a(n)**를, 뒤에는 **-(e)s**를 붙인다는 걸 배웠어요. 여기서 **a(n)**를 '관사'라고 부르는데, 이 관사에는 두 종류가 있어요.

a/an = 부정관사

the = 정관사

이 두 개는 무슨 차이가 있을까요? 일단 이 관사는 우리말에는 딱히 없는 개념이다 보니 조금 헷갈리고 어려울 수 있지만 최대한 이해하기 쉽게 설명해 볼게요.

보통 **the**는 '그'라고 해석하는 경우가 많지만 일단 의미부터 이해하는 게 좋습니다. **부정관사의 '부정'**은 뭔가를 부정한다는 뜻이 아니라 **'정해져 있지 않다'**의 의미이고, **정관사는 '정해져 있다'**는 의미입니다. 그렇다면 뭐가 정해져 있고, 뭐가 정해져 있지 않다는 걸까요? 핵심은 **'범위'**입니다.

There is a student in the class. 교실에 학생 한 명이 있다.

Tom is the tallest student in the class. Tom은 그 교실에서 가장 큰 학생이다.

> there is '~이 있다'로 해석. 뒤에서 '도치'를 다룰 때 다시 설명할게요. ☺

이 두 문장의 차이는 무엇일까요? 위에서 관사는 **'범위'** 개념이 가장 중요하다고 했죠? 범위를 정해 놓고 이 범위 내에 여러 개가 있을 때 이 중 정해지지 않은 막연한 하나를 뜻하는 것이 **a(n)**이고, 범위의 여러 개 중 무언가를 딱 정하게 되면 이때는 **the**를 쓰게 됩니다.

즉 위의 첫 번째 문장에서 **a**를 썼다는 것은 교실에 여러 학생들이 있는데 그 중 어떤 학생 한 명을 뜻하는 게 되겠죠. 예를 들어 교실에 **A~Z**까지의 학생이 있다고 할 때 부정관사 **a**를 붙이게 되면 이 학생이 A학생일 수도 있고, B학생일 수도 있고, C학생일 수도 있다는 얘기가 됩니다. 즉 **정해져 있지 않기에 a(n)**를 쓰는 거죠. 그림으로 나타내면 이런 느낌입니다.

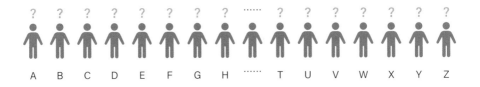

위의 두 번째 문장에 **the**를 쓴 이유는 **tall**에 최상급이라고 부르는 **-est**가 붙어 있기 때문인데, **tallest**는 '가장 큰'으로 해석이 됩니다. 교실에 학생이 여럿 있는데 키를 재 보니 **Tom**이 가장 큰 거예요. 딱 정해진 거죠. **Tom**이 가장 크다, 가장 큰 건 **Tom**! 이래서 **최상급에는 the**를 붙입니다. 역시 그림으로 나타내면,

Tom

A B C D E F G H ······ T U V W X Y Z

자, 이제 대충 감이 오나요? 이걸 이해하고 나면 시야가 넓어집니다!

> 최상급 표현은 뒤에 나오는 '비교급'에서 다시 다룰게요. 😊

a white house

자, 무슨 뜻인가요? 혹시 '백악관'이라고 생각한 사람, 손!

네, 조용히 내려 주세요. 땡입니다. **a white house**는 그냥 흔한 '**(정해지지 않은) 하얀 집 한 채**'라는 뜻입니다. **a**가 가지는 뜻이 그렇다고 했잖아요? 그렇다면 여러분이 알고 있는 그 백악관은 어떻게 쓸까요?

The White House

네, 바로 **The White House**입니다. white house를 대문자로 올려서 **White House**로 쓰고, 관사 **the**를 붙여 주는 거죠. 백악관이라는 곳은 세상의 수많은 하얀 집 중에서 **콕 집어서 미국의 대통령이 집무를 보는 그 하얀색 집**을 얘기하는 거니까요.

a white house

The White House

실제로 우리가 많이 헷갈리는 표현들 중에는 미국의 정식 명칭에 관한 것도 있어요.

united states

가끔 이렇게 쓰고 '미국'이라고 읽는 사람들이 있는데 사실 이건 그냥 '연합된 국가들'이라는 뜻이에요. 우리가 알고 있는 미국의 정식 명칭은 바로!

The United States of America

귀찮아도 이렇게 길게 적어 줘야 미국이 되는 겁니다. **America 대륙의 바로 '그' 연합된 국가들**이라는 뜻으로, 자치권을 가진 50개의 주가 연합하여 묶여 있는 연방 국가임을 뜻하죠.

> 사실 요즘은 the 없이 United States 이렇게만 써도 '미국'으로 인정해 줍니다. 그렇게 워낙 자주 사용하다 보니 굳어진 거죠. ☺

The sun **was shining**.

자, 그렇다면 위의 문장은 어떤가요? sun 앞에 **the**가 붙어 있네요? 지구에서 보는 태양이나 달은 유일무이하죠. 그래서 **the sun**, **the moon**으로 표현합니다.

그런데 이런 것도 가능해요.

There are many suns in the universe.

우주 단위로 보면 태양이 엄청나게 많습니다. 즉 **sun**에 **s**를 붙이게 되면 '우주에는 많은 태양들이 있다'라는 뜻으로 사용이 됩니다. 아래 이미지처럼 말이에요!

달도 마찬가지로 우주에 있는 어떤 하나의 달이면 **a moon**, 여러 개의 '달들'이면 **moons**가 되겠죠?

여러분, '서수'라는 말을 들어보셨나요? **first**(첫 번째), **second**(두 번째), **third**(세 번째), 이런 걸 서수라고 하는데, 여럿 중 이게 첫 번째다, 저게 두 번째다 정해 주는 개념이므로 이 서수에도 **the**를 붙여서 사용합니다.

The first **man is John**.

자, 이런 것도 있어요. **Johnson**이라는 성을 가진 미국 사람이 있는데 결혼을 한단 말이죠. 그런데 미국은 결혼을 하면 여자가 남자의 성을 쫓아가거든요. 즉 아내도 **Johnson**이라는 성을 쓰게 되면서 이제 한 집안에 **Johnson**이 2명이 돼요. 그리고 곧 아이 둘을 낳아서 그 아이들도 모두 **Johnson**이라는 성을 갖게 됩니다. 이렇게 **Johnsons**(존슨들)가 모여서 하나의 가정을 이루면?

The Johnsons 존슨네 가족

「심슨네 가족들」이라는 만화 아시죠? 이렇게 사람 이름 뒤에 **s**를 붙이고 앞에 **the**를 붙이면 '~가족'이라는 뜻이 된답니다. 그럼 이제 **the**가 붙어 있는 여러 가지 예문들을 연습해 볼게요.

정관사 the를 쓰는 경우

아래 밑줄 친 단어에 왜 관사가 없는지, 혹은 왜 the가 붙어 있는지 생각해 보고 해석해 보세요.

1   Korea, Japan, and China are located in Asia.
→

2   This music originated in the Netherlands.
→

3   Many people study in the Philippines.
→

4   Mt. Halla in Jeju Island is beautiful.
→

5   I know the Hawaiian Islands.
→

6   The Rocky Mountains are really big.
→

※ 정답과 해설은 p.350.

7   Loch Ness is the largest lake in the United Kingdom.
    ➡

8   The Civil War emancipated black slaves.
    ➡

9   A civil war broke out in the country.
    ➡

10 The Pentagon announced shocking news.
    ➡

11 I draw a perfect pentagon.
    ➡

궁금증 5

동사에
to나 -ing는 왜
붙이는 건가요?

아래 문장을 해석해 볼까요?

He makes a doll.

'그는 인형을 만든다'라고 해석했다면 훌륭합니다!
자, 그럼 아래 문장들은 어떤가요?

To make a doll is hard.
To make a doll, I go there.
I am happy to make a doll.

이 문장들이 쉽게 해석된다면, 이미 여러분은 준동사에 대해 잘 알고 있는 겁니다. 해석이 잘 안 된다면? 이번 장에서 확실하게 풀고 넘어갈 테니 걱정하지 마세요!

 to 부정사가 궁금하신가요?

같은 말을
이렇게 다르게 표현한다고?
영어의 맥락을 잡아라!

앞서 전명구에 대한 이야기를 나눠 봤어요. 지금부터는 **또 다른 '구'의 형태인 to R, R-ing 즉, '준동사'**에 대해 이야기해 보려 합니다. 준동사란 뭘까요? 그리고 왜 필요한 걸까요?

공부하는 것
공부할
공부하려고
공부하기 위해
공부하기에
공부하는
공부하면서
공부하다니
공부한다면
공부해서
⋮

자, 우리말 '공부하다'에 다양한 어미를 붙여 봤어요. 끝도 없이 붙일 수 있겠죠? 이렇게 우리말은 단어 뒤에 어미를 바꿔 수많은 의미를 전달할 수 있습니다. 우리나라 사람이라면 위의 표현들을 상황에 맞게 적절히 쓰는 건 전혀 어려운 일이 아니죠. 그런데 '~하는 것, ~하려는, ~해서, ~하려고, ~하다니' 등등을 영어로는 어떻게 표현하는지 아세요?

to R

R-ing

바로 이 두 가지 형태로 끝!(다른 방법도 있지만 그건 나중에 설명할게요.)

이것이 바로 여러분이 배워 왔던 **to** 부정사, 동명사, 분사라고 부르는 것들의 정체입니다. 확인해 볼까요?

study English 영어를 공부하다

→ To study English

study English에다가 **to**를 붙여서 **To study English**로 쓰게 되면, '**영어를 공부하는 것**', '**영어를 공부하려는**', '**영어를 공부해서**' 등등의 의미로 사용이 됩니다. 몇 문장 더 함께 만들어 볼게요.

ex1 영어를 공부하는 것은 어렵다.

→ **To study English is difficult**.

ex2 나는 영어를 공부하려는 내 계획을 포기했다.

→ **I abandoned my plan** to study English.

ex3 나는 영어를 공부해서 기쁘다.

→ **I am happy** to study English.

ex4 영어를 공부하기 위해서 너는 그 학교를 들어가야 한다.

→ To study English, **you have to enter the school**.

위 문장들의 공통점이 보이나요? 모든 문장에 똑같이 **to study English**라는 표현이 들어가 있는데, 위치나 맥락에 따라 '공부하는 것', '공부하려는', '공부해서', '공부하기 위해서'로 다 다르게 해석되고 있어요! 조금 다른 문장 하나만 더 볼게요.

그 책은 **공부하기에** 너무 어렵다.

→ **The book is too difficult** to study.

자, 별다를 것 없이 해석이 잘 되죠? 그런데 이 문장은 그동안 여러분이 '**too ~ to 용법**'이라고 배운 바로 그 문장입니다. '**너무 ~해서 ~할 수 없다**'라고 달달 외웠었죠? 사실은 그냥 **to 부정사를 '~하기에**'라고 해석한 것을 **의역**한 거예요.

- difficult 어려운
- abandon 포기하다
- plan 계획
- have to enter 들어가야 한다

그 책은 공부하기에 너무 어렵다.

= 그 책은 너무 어려워서 공부할 수가 없다.

보세요! 결국 같은 뜻이잖아요? 재미있는 건 -ing도 마찬가지라는 겁니다. 별거 아니에요.

Reading a book is my hobby.

→ 책을 읽는 것은 나의 취미다.

The man reading a book is Tom.

→ 책을 읽고 있는 그 남자는 Tom이다.

Reading a book, he drinks water.

→ 책을 읽으면서 그는 물을 마신다.

어때요? 역시 똑같은 **reading a book**이 상황에 따라 '책을 읽는 것', '책을 읽는', '책을 읽으면서'로 해석되고 있죠? 이것이 바로 준동사라고 부르는 **to R**과 **R-ing** 형태를 사용하는 이유입니다!

자, 여러분은 한국어와 영어의 표현법 중 뭐가 더 편한 것 같은가요? 뻔한 얘기지만, 영어를 쓰는 사람들 입장에서는 **'아니, 왜 하나로 표현할 수 있는 걸 복잡하게, 다 다르게 만들어서 쓰는 거야?'**라고 생각할 테고, 우리 입장에서는 **'세상에! 그 다양한 상황, 복잡한 생각들을 다 뭉뚱그려서 to랑 -ing로 끝내 버린다고?'** 이렇게 생각하겠죠?

어쨌거나 영어를 공부하는 우리 입장에서는 두 언어의 차이를 쿨하게 인정하고, 좀 더 쉽게 영어 환경에 접근하기 위해 이 책의 마지막 장까지 함께 달려보는 수밖에 없겠죠?

> 지금까지 배운 내용과 용어 간략히 정리하고 가요. 😊
>
> 동사의 원형 앞에 to를 붙이거나, 동사의 원형 뒤에 -ing를 붙이는 것을 '준동사'.
>
> 여기서 동사의 원형이란, 원형 = R(root의 약자)
>
> 예를 들어 go는 went / gone / will go 등으로 바뀌는데 이때 이 동사들의 기본이 되는 go를 동사의 원형(R)이라고 부릅니다.
>
> He makes it. 그는 그것을 만든다. (현재동사)
>
> She made it. 그녀는 그것을 만들었다. (과거동사)
>
> They will make it. 그들은 그것을 만들 것이다. (미래)
>
> • 'to R' 준동사 형태 = to make it, 'R-ing' 준동사 형태 = making it

위에서 **to R**의 형태가 '~하는 것', '~할', '~하려고' 등 다양하게 해석된다고 이야기했어요. 여기서 가장 중요한 포인트는 **to** 부정사는 동사가 아니라 '명사, 형용사, 부사'로 사용된다는 점이에요. 그래서 **to** 부정사가 어느 자리에 오느냐에 따라 다음과 같이 해석을 합니다. (절대적인 것은 아니고 '대체로' 그렇다는 뜻이에요!)

to R   – **명사 역할** (~하는 것)

         – **형용사 역할** (~할)

         – **부사 역할** (~하기 위해)

준동사는 통째로 명사, 형용사, 부사의 역할을 하는 거라서 문장 내에서 이 중 무엇으로 사용되었는지를 구별해 내는 게 중요해요.

명사로 사용되는 경우   〈   〉

형용사로 사용되는 경우   (   )

부사로 사용되는 경우   (   )

처음에는 이런 식으로 연습하면 훨씬 잘 이해될 거예요!

〈To study English〉 **is difficult**. → 주어로 사용

영어를 공부하는 것은 어렵다.

I want 〈to study English〉. → 목적어로 사용

나는 영어를 공부하는 것을 원한다.

My wish is 〈to study English〉. → 보어로 사용

나의 바람은 영어를 공부하는 것이다.

앞의 문장들 모두 **to** 부정사가 명사의 역할을 하고 있으므로 **명사적 용법**이라고 부릅니다. 그래서 모두 '~하는 것'으로 해석이 됩니다.

He is not the man (to study English).

그는 영어를 공부할 그 남자가 아니다.

위 문장의 경우는 **to** 부정사가 앞에 나오는 **the man**을 수식하고 있기 때문에 **형용사적 용법**이라고 부릅니다.

> "
> 보어로 사용되기도 합니다. ☺
> He is to study English. 그는 영어를 공부할 것이다.
> (to study English가 형용사보어로 사용됨)
> "

(To study English), **I make money**.

영어를 공부하기 위해 나는 돈을 번다.

이 경우는 완전한 문장 외에 부가적인 정보를 주는 것으로 **부사적 용법**이라고 부릅니다. 부사적 용법은 해석하는 방식이 정말 다양해요. 나중에 연습 문제에서 다양한 형태들을 만나 볼게요.

자, 이제 우리는 'to R = to 부정사'라고 부를 수 있어요. 그렇다면 R-ing 형식은 뭐라고 부를까요? 동명사라고요? 흠, 맞아요. 맞긴 한데, 그게 다가 아니란 말이죠.

명사로 사용되는 경우　　→ 동명사
형용사로 사용되는 경우　→ 분사(정확히는 현재분사)
부사로 사용되는 경우　　→ 분사구문

이렇게 **R-ing**는 명사로, 형용사로, 부사로 사용될 때 그 이름이 모두 다릅니다.

〈Reading a book〉 is my hobby. → 명사로 사용(동명사)
책을 읽는 것은 나의 취미다.

The man (reading a book) is Tom. → 형용사로 사용(현재분사)
책을 읽고 있는 그 남자는 Tom이다.

(Reading a book), he drinks water. → 부사로 사용(분사구문)
책을 읽으면서 그는 물을 마신다.

아시겠죠? -ing는 '무조건 동명사' 이렇게 알고 있으면 안 된다는 것! 잊지 마세요. 마지막으로 다시 한번 정리해 볼게요.

to R(to 부정사) → 문장 내에서 덩어리째 명사, 형용사, 부사 역할

〈To make money〉 **is difficult.** ~하는 것, ~하기 → 명사의 쓰임(명사 용법)

He is the man (to make money). ~할 → 형용사의 쓰임(형용사 용법)

(To make money), **we work hard.** ~하기 위해서 → 부사의 쓰임(부사 용법)

R-ing → 문장 내에서 덩어리째 명사, 형용사, 부사 역할

〈Sleeping in the bed〉 **is my hobby.** ~하는 것, ~하기 → 명사의 쓰임(동명사)

The baby (sleeping in the bed) **is Tom.** ~하는 → 형용사의 쓰임(분사)

(Sleeping in the bed), **the baby is comfortable.** ~하면서 → 부사의 쓰임
(분사구문)

준동사(to R/R-ing) 연습

1. sleep : 잠을 자다(자동사)

각각의 준동사가 어떤 용법으로 사용되었는지 생각해 보고, 해석해 보세요.

1 Sleeping in the bed is good for health. (형식)
→

2 I like sleeping in the bed. (형식)
→

3 My hobby is sleeping in the bed. (형식)
→

4 By sleeping in the bed, I feel comfortable. (형식)
→

5 My sleeping son looks happy. (형식)
→

6 The man sleeping in the bed is Tom. (형식)
→

7 This is the man sleeping in the bed. (형식)
→

※ 정답과 해설은 p.352.

8   The man is sleeping in the bed. (형식)
    →

9   I found the man sleeping in the bed. (형식)
    →

10 Sleeping in the bed, he dreamed. (형식)
    →

11 The man, sleeping in the bed, dreamed. (형식)
    →

12 The man dreamed, sleeping in the bed. (형식)
    →

2. to 부정사

각각의 준동사가 어떤 용법으로 사용되었는지 생각해 보고, 해석해 보세요.

1   My ambition is to become a pilot.
    →

2   The only way to master a language is constant practice.
    →

3   The next train to arrive at this platform is bound for New York.
    →

4   To become a lawyer, you should work harder.
    →

5   She turned the chair on its side to repair it.
    →

의미상의 주어는
또 뭔가요?

여러분, 이제 **to** 부정사와 **-ing** 형태의 준동사가 만들어지는 과정은 확실히 아셨죠?

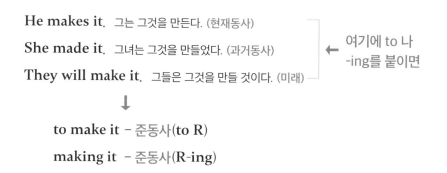

He makes it. 그는 그것을 만든다. (현재동사)
She made it. 그녀는 그것을 만들었다. (과거동사)
They will make it. 그들은 그것을 만들 것이다. (미래)

← 여기에 to 나 -ing를 붙이면

↓

to make it – 준동사(to R)
making it – 준동사(R-ing)

자, 그럼 여기서 질문! 이렇게 준동사를 만들어 버리면 동사의 시제가 뭐였든 상관없이 똑같은 형태가 되어 버려요. 그래서 준동사는 시제가 표현이 안 되는 녀석이거든요. 그런데! 이게 시제만 사라지는 게 아니고, 주어도 사라집니다!

playing the guitar 기타를 치는 것

여기서 주어는 누구죠? 그렇습니다. 없어요! 누가 기타를 치는지 나와 있지가 않아요. **준동사는 기본적으로 주어가 보이지 않습니다. 그러면 주어를 어떻게 찾죠?**

I like playing the guitar. ← 여기서 playing의 주어는 I

간단합니다. 준동사가 문장 안에 들어가면 비로소 주어가 보이게 돼요! **준동사의 주어는 기본적으로 문장 안에 들어왔을 때 주절의 주어**가 됩니다. 이건 to부정사도 마찬가지예요.

I want to play the guitar. ← 여기서도 주어는 I

여기서 잠깐 제 얘기 좀 하고 갈게요. 제가 군대에 있을 때 제 후임 중에 기타를 잘 치는 친구가 있었어요. 어렸을 때부터 기타를 배워 보고 싶었던 저는 그 후임한테 기타 치는 방법을 배웠답니다.

I liked playing the guitar. 저는 기타를 치는 것을 좋아했어요.

그 당시 제가 즐겨 보던 기타 치는 영상이 있었는데, 정성하라는 이름의 초등학생 기타리스트의 영상이었어요. 초등학생인데도 불구하고 놀랍도록 기타를 잘 쳤어요.

I liked his playing the guitar. 저는 '그 애'가 기타를 치는 것을 좋아했어요.

자, 이렇게 동명사 앞에 소유격을 집어넣으면 동명사의 주어를 표현할 수 있어요! 이때 나온 동명사의 주어를 **'의미상의 주어'**라고 부른답니다. 이 의미상의 주어는 있으면 있고, 없으면 없는 거예요. 말 그대로 주어를 표기해 주는 방법이니까요. 정리해 볼게요.

I liked playing the guitar. 나는 기타를 치는 것을 좋아했다.
I liked his playing the guitar. 나는 '그가' 기타를 치는 것을 좋아했다.
I liked her playing the guitar. 나는 '그녀가' 기타를 치는 것을 좋아했다.
I liked their playing the guitar. 나는 '그들이' 기타를 치는 것을 좋아했다.

이제 어느 정도는 알겠는데, 왜 하필이면 동명사의 주어는 소유격으로 표현하는 걸까요? 이 부분은 바로 다음 장에서 설명할 테니 조금만 기다려 주세요!

I waited to see her. 나는 그녀를 보기 위해 기다렸다.

준동사는 -ing 형태 말고 to 부정사도 있잖아요? to 부정사도 마찬가지예요. 여기서 to 부정사의 주어는 역시 주절의 주어! 그리고 위의 동명사처럼 to 부정사의 주어 표기도 따로 할 수 있답니다. 다만 그 방법이 동명사와는 달라요. 바로 **전치사 for를 이용**하는 거예요.

I waited for him to see her. 나는 그가 그녀를 보기를 기다렸다.

여기서 의미상의 주어만큼이나 특이한 또 한 가지를 만나 볼게요. to 부정사를 공부하다 보면 **'가주어, 진주어'**라고 부르는 특이한 형태들을 만나게 됩니다.

It **is easy** to read the book.
가주어 　　　　　 진주어

이 문장에서 **It**은 '가주어'로 의미가 없고, **to read the book**이 실제 의미를 갖는 주어입니다. 따라서 해석도 **'그 책을 읽는 것은 쉽다'**가 됩니다. 이때 '그 책을 읽는 것'이 누군지는 알 수 없죠. '가주어, 진주어' 구문에서는 준동사의 주어가 표시되어 있지 않아요. 그렇다면 이 문장에서 **'그가 그 책을 읽는 것은 쉽다'**를 표현하고 싶을 때는 어떻게 할까요? 앞에서 배운 방법을 응용하면 됩니다.

It is easy for him to read the book. '그가' 그 책을 읽는 것은 쉽다.

결론! 준동사의 주어 표기는 '동명사의 의미상의 주어는 **소유격**'으로, '부정사의 의미상의 주어는 **for+명사**'로!

다만 주의할 것은, 요즘은 동명사의 의미상의 주어를 소유격이 아닌 그냥 명사 형태로 쓰는 경우가 많아졌어요. **소유격이 원칙일 뿐 절대적이지는 않다**는 것! 참고하세요.

I like his playing the guitar. ← 이게 맞지만

I like him playing the guitar. ← 이것도 허용

특히 명사가 사람이 아니라 사물일 경우에는 소유격 표시('s)를 해 주지 않습니다. 이건 반드시 유의하세요!

I like the award making my mother happy.
나는 그 상이 엄마를 행복하게 해 준 것이 좋다.

부정사의 의미상의 주어의 경우에도 for가 아닌 of를 쓰는 경우가 종종 있습니다. of를 쓰는 경우는 앞에 나오는 형용사가 사람의 인성이나 성품을 나타낼 때인데, 이는 전치사 of가 'A of B'의 모습으로 같은 성질을 이어 줄 때 사용되기 때문에 일어나는 일이라고 보면 됩니다. 정확히는 of 뒤에 나온 사람의 인성, 성품인 것이죠.

인성형용사 of 사람 ← 이 사람의 성품, 인성

It is kind of him to help me. (kind 뒤라서 of 사용!)
나를 도와준 그는 친절하다.

사실 부정사의 의미상의 주어로 for를 쓰는 이유 역시 우리말로 해석할 때 **주어처럼 해석**하면 자연스럽기 때문에 그렇게 하는 것입니다. 행동을 하는 주체인 부정사의 범위를 for를 이용해서 한정한 것이죠. 이렇게 해석해도, 저렇게 해석해도 크게 다르지 않다는 점!

It is easy for him to read the book.
그가 그 책을 읽는 것은 쉽다. (= 그에게는 책 읽는 것이 쉽다.)

5-3

그렇다면 to R(to 부정사)과
-ing(동명사)는 뭐가 다른가요?

to 부정사와 동명사, 뭐가 다른지 궁금하신가요?

여러분, 준동사의 특징은 이제 더 이상 설명 안 해도 다 아셨으리라 생각합니다. 그런데 말입니다! 이런 생각 안 해 봤나요? 왜 준동사의 형태는 두 가지인걸까요? 뭔가 차이가 있으니까 둘로 나눈 거겠죠?

want, hope, desire는 **to 부정사**를 목적어로
admit, finish, abandon은 **-ing**를 목적어로

위의 경우가 대표적인데 그 차이가 대체 뭘까요?

to 부정사는 일어날 일(100% 사실이 아닌 상황)에 사용하고
-ing는 과거의 일이나 현재 벌어지고 있는 상황을 얘기할 때 사용!

간단히 말하자면 이렇습니다. 굳이 우리말로 해석하자면, **to** 부정사는 '~할

160 궁금증이 싹! 풀리는 **세상 쉬운 영문법**

것을', '~하기를', '~하려고'(미래), **-ing** 는 '~했던'(과거), '~하고 있는'(현재) 정도가 되겠습니다.

I want **to pass the exam**. 나는 시험에 합격하기를 원해.

I desire **to pass the exam**. 나는 시험에 합격하기를 바라.

I hope **to pass the exam**. 나는 시험에 합격하기를 희망해.

want(원하다), **desire**(바라다), **hope**(희망하다) 모두 시험을 보기 전 상황에서 (아직 일어나지 않은) 미래를 이야기하는 것이기 때문에 **to** 부정사가 잘 어울립니다.

I decided **to buy the car**. 나는 차를 사기로 결정했다.

여기서 **decide**가 **to** 부정사를 받는 이유는? 이것도 마찬가지로 지금은 결정을 내린 것일 뿐 아직 자동차를 산 것은 아니기 때문에 (자동차를 사는 건 미래에 일어날 일) **to** 부정사가 어울립니다. 하나만 더 볼게요.

I refused **to buy the car**.

나는 그 자동차를 사는 것을 거절했다(사지 않기로 결정했다).

refuse는 '거절하다'라는 뜻인데 이는 곧 '하지 않기로 결정을 내리다'와 같은 의미죠. 즉 decide의 부정의 의미가 refuse라고 생각하면 쉽게 이해가 됩니다. 그래서 decide와 마찬가지로 to 부정사를 써 주는 거죠.

반면 -ing의 경우에는 과거부터 해 오던 일이나 혹은 현재 벌어지고 있는 상황을 설명할 때 사용합니다.

I admit **making a mistake**. 나는 실수한 것을 인정한다.

admit은 '인정하다'인데 무언가를 인정한다는 것은 어떤 일이 (과거에) 벌어졌고, 그 일을 내가 했다고 수긍하는 것이기 때문에 -ing가 어울립니다.

I deny **making a mistake**. 나는 실수한 것을 부인한다.

deny는 '부인하다'라는 뜻인데, 위에서 decide의 부정이 refuse이듯, deny는 바로 admit의 부정입니다. 그래서 admit과 마찬가지로 -ing를 목적어로 써 준답니다.

I finished **writing a letter**. 나는 편지를 쓰는 것을 끝냈다.

finish 역시 -ing를 목적어로 취하는데, abandon(그만두다), give up(포기하다)과 같이 '(과거부터) 지금껏 해 오던 것을 끝낸다'는 의미이므로 -ing가 어울립니다.

이 외에도 like, hate, mind(꺼리다), avoid(피하다) 등 호불호를 표현하는 단어들도 -ing를 목적어로 받습니다. 무언가에 대해 좋다, 싫다 판단하는 것역시 과거의 경험을 바탕으로 하기 때문이죠. 자, 그럼 이제 연습해 볼까요?

to R/R-ing를 목적어로 받는 동사들

> 앞으로 하려고 하거나 확실하지 않은 일엔 to R, 과거부터 해 오던 일
> 이나 현재 벌어지고 있는 일이면 R-ing! 잊지 마세요. ☺

아래 문장을 해석해 보세요.

1 She finished smoking.
   →

2 I want to borrow your umbrella from you.
   →

3 I hate doing exams.
   →

4 People desire to live in the north of the country.
   →

5 She abandoned writing the book.
   →

※ 정답과 해설은 p.353.

6   The manager would like to apologize for the delay.
    →

7   They avoided answering my questions.
    →

8   I refuse to take part in anything illegal.
    →

9   The divers hoped to unlock some secrets of the sea.
    →

10 He decided to build a snow-making machine.
    →

11 She pretends to understand all.
    →

12 He gave up teaching three years ago.
    →

13 She minded getting the job.
    →

to R와 -ing의 유래는?

그런데 여러분, 어쩌다 **to**는 미래를, **-ing**는 과거 혹은 현재 일어나고 있는 일을 말할 때 사용하게 된 걸까요? 지금부터 그 이야기를 간단히 들려 드릴게요.

to 부정사를 알게 되면 헷갈릴 수밖에 없는 것이 생깁니다. 그것은 바로 전치사 **to**! **to 부정사의 to와 전치사의 to**, 이 두 개는 왜 똑같이 생긴 걸까요?

사실 고대 영어를 살펴보면 그 당시에는 전치사 **to**밖에 없었는데 이게 시간이 지나면서 **to** 뒤에 동사를 붙여 쓰다가 **to** 부정사라는 새로운 표현이 생기게 되면서 지금에 이르렀다고 해요. 그리고 이걸 알고 있으면 좋은 점이 있어요!

I am good at speaking **English**. (○)
I am good at to speak **English**. (×)

자, 우리는 전치사 뒤에 -ing(동명사)는 사용 가능하지만, **to** 부정사는 쓸 수 없다는 걸 잘 알고 있어요. 지금까지는 그냥 그런가 보다 외웠으니까요. 사실 이렇게 된 이유는!

전치사에서 온 to 부정사,
따라서 전치사 to 뒤에 또 to 부정사를 쓰는 건 ✕

그렇다면 to 부정사는 왜 미래의 의미를 갖게 된 걸까요? 이건 전치사 to의 의미 때문입니다. **전치사 to는 이동을 표현하는 전치사예요.** 움직임을 to로 표현한다는 뜻이죠.

I gave a book to him. 나는 책 한 권을 그에게 주었다.
He came to my house. 그는 나의 집으로 왔다.

머릿속에 그림을 그려 볼까요? 먼저 첫 번째 문장, 나한테 있던 책이 그에게로 이동하는 그림이 그려지나요? 두 번째 문장 역시 다른 장소에 있던 그가 나의 집으로 이동을 한 그림이 그려지죠. 이렇게 to는 이동을 뜻합니다. 이런 의미를 가진 전치사 to 뒤에 동사를 가져다 쓴 것이죠.

여러분! 동사를 동사라고 부를 수 있는 이유는 동사만이 시제를 가지고 있기 때문입니다. 시간은 과거에서 현재로 현재에서 미래로 흐르죠? 시간은 항상 앞으로 흐르기 때문에 과거에서 현재, 현재에서 미래로 나아가는 방향성의 그림에 시간 개념이 결합되어 미래를 바라보게 된 것이라고 생각하면 됩니다. **말한 시점을 기준으로 앞을 바라보는 미래를 나타내는 것이죠.**

확실한 상황이 아닐 때 to 부정사가 온다!

이렇게 미래는 아직 벌어지지 않은 일이기에 확실치 않은 추측이나 가능성을 말하고, 그렇기 때문에 **확실하지 않은 일, 아직 정해지지 않아서 일어날지 안 일어날지 모르는 상황이 to 부정사와 어울리게 된 것이죠.** 우리가 자주 만나게 될 동사 tend(~하는 경향이 있다), pretend(~인 척하다)가 바로 이런 불확실한 상황을 이야기하는 동사입니다.

He tends to **make mistakes**. 그는 실수를 하는 경향이 있다.
He pretends to **know it**. 그는 그것을 아는 척한다.

이렇게 **확실한 상황이 아닐 때 to 부정사가 온다**고 알아 두면 좋습니다. 그렇다면 이제 **seem**(~처럼 보이다)이라는 단어 뒤에도 왜 to 부정사가 오는지 단번에 이해될 거예요.

He seems to **be happy**. 그는 행복해 보인다.

정말 행복한지 아닌지는 확실치 않고, 그렇게 보인다는 얘기죠? 그래서 **to 부정사**가 온 거고요.

여러분, '의문사' 아시죠? **who, what, when where, why, how** 같은 애들 말이에요. 이러한 의문사들은 준동사 중 to 부정사만 편애한다는 사실도 기억해 두세요.

I don't know how to do it. (○)
I don't know how doing it. (×)

'나는 그것을 어떻게 해야 하는지 모른다'로 해석되는 위의 문장에서 '의문이 있을 때 물어보는 의문사' how가 to 부정사와 결합하고 있는 게 보이죠?

자, 그렇다면 -ing(동명사)는 왜 '과거 혹은 지금 벌어지는 일'을 의미할까요? 조금 어려우니까 집중해 주세요! 단어를 외우다 보면 '**-ness / -ity / -ion**'으로 끝나는 것들이 있어요.

kindness / reality / suggestion

-ness / -ity / -ion은 '**명사형 접미사**'로 이것이 붙은 단어는 짜잔! 명사가 됩니다! 그런데 **고대 영어에서는 -ing가 바로 명사를 만들어 주는 접미사**였습니다. 그래서 kind, real, suggest에 -ness / -ity / -ion를 붙여 kindness / reality / suggestion와 같이 명사를 만드는 것처럼, build에 -ing를 붙이면 짜잔! building이라는 명사가 되는 거죠! 이런 단어들이 현재에도 많이 남아 있어요.

자, 그런데 말이죠, 여러분이 실제 문장에서 -ing를 보게 되면 이게 동명사인지 그냥 명사인지 헷갈릴 수 있거든요. 어떻게 구분하면 좋을까요?

Building a house is difficult. ← 여기서의 building은 동명사

집을 짓는 것은 어렵다.

A building is expensive. ← 여기서의 building은 그냥 명사

건물이 비싸다.

이 둘을 구분해 주는 포인트는? 네! 바로 **관사 'a/an'**입니다. 관사가 붙어 있으면 명사라는 뜻이니까요. 첫 번째 문장에서는 **a**가 house에 붙어 있기 때문에 **building**의 목적어로 **a house**가 온 것이죠. 그래서 '집을 짓는 것'이라고 해석되고, 여기서 **building**은 동명사가 됩니다.

두 번째 문장에서는 **building** 앞에 **a**를 붙였기 때문에 **building**이 동명사가 아닌 명사로 쓰여 그냥 '건물'로 해석이 됩니다. 이렇듯 **원래 -ing는 그냥 명사를 만드는 어미**였습니다. 그런데 세월이 흐르고 다양한 문법들이 생겨나면서 **to** 부정사가 그랬던 것처럼 지금 우리가 동명사라고 부르는 형태가 생겨났고, 기존의 명사를 만드는 -ing와 동명사로 사용되는 -ing가 공존하게 된 것입니다. 신기하죠? 재미있는 건 앞서 설명했던 **동명사의 의미상의 주어를 '소유격'으**

로 사용하는 이유가 여기에서 나온다는 겁니다.

I am sure of your passing the exam.

나는 당신이 시험을 통과하는 것에 대한 확신이 있다.

명사 앞에 올 수 있는 인칭대명사의 형태는 당연히 소유격으로, 소유격에는 **my**(나의), **his**(그의), **her**(그녀의), **your**(너의) 등이 있죠.

My book 나의 책

His book 그의 책

Your book 너의 책

위와 같이 쓸 수는 있어도, 아래처럼 쓸 수는 없죠?

Me book (×)

Him book (×)

You book (×)

그래서 동명사의 의미상의 주어도 소유격을 사용하는 거라고 보면 됩니다. 옛것이 지금까지 남아 있는 거죠. 또한 동명사(-ing)가 과거의 일이나 현재의 일을 나타내게 된 이유도 여기서 비롯된 것인데, 예를 들어 **building**에서처럼 **-ing**는 원래 명사를 만드는 어미였는데, 명사라는 것은 '(과거에) 만들어져서 (현재까지) 존재하고 있는 것'이기에 **동명사는 과거의 일이나 현재 벌어지고 있는 상황을 의미**하게 된 겁니다.

다음 장에서는 똑같이 **-ing** 형태이지만 전혀 다른 용도를 가진 **'분사'**라고 부르는 **-ing** 형태에 대해 이야기해 볼게요.

5-5

동명사 -ing와
현재분사 -ing는
왜 똑같은 모양인가요?

동명사와 현재분사가 왜 똑같은 모양인지 궁금하신가요?

명사로 **사용** → 명사적 용법

형용사로 **사용** → 형용사적 용법

부사로 **사용** → 부사적 용법

to 부정사는 문장 내에서 위와 같이 합리적인 이름을 가지고 있었습니다. 그런데 -**ing**는 어땠나요?

명사로 **쓰면** → 동명사

형용사로 **쓰면** → 분사

부사로 **쓰면** → 분사구문

거참, **to** 부정사처럼 그냥 -**ing**의 명사적 용법, 형용사적 용법, 부사적 용법이라고 부르면 편할 것 같은데, 대체 왜 이렇게 복잡하게 부르는 걸까요?

앞서 이야기한 것처럼 원래 -**ing는 명사를 만드는 어미**였어요. 시간이 지나면서 동명사라는 형태가 생긴 거였죠. 그래서 **building**이 명사도 되고 동명사도 된다고 했잖아요?

a building 건물 (그냥 명사) - 고대 영어의 잔재

building a house 집을 짓는 것 (동명사) - 현대에 와서 생겨난 형태

그런데 이 문장은 또 어떤가요?

The man building a house **is Tom.**

여기서 **building a house**는 **the man**을 꾸미는 형용사로 사용되었죠? 이 때 **building**을 분사라고 부르는데(정확히는 현재분사) 보다시피 동명사도 분사도 모양이 같으니 헷갈린단 말이죠. 그런데 사실 이 둘은 옛날에는 다르게 생겼다고 하네요. 옛날에는 분사를 -inde, -ende 이런 형태로 썼다고 해요. 즉, **동명사는 -ing로, 분사는 -inde, -ende로** 썼다는 뜻입니다.

그런데 -ing나 -inde가 발음이 거의 비슷하잖아요? 그래서 시간이 지남에 따라 이 둘의 구분이 모호해지면서 결국 하나의 형태로 통일되어 버린 거죠. -ing가 한 글자 짧아서였을까요? **-inde 형태가 사라지고 동명사나 분사나 둘 다 -ing의 형태가** 되어 버렸습니다. 그래서 어쩔 수 없이 문장 안에서 의미를 파악하여 둘을 구분하는 수밖에 없어진 거죠.

그럼 지금부터 동명사와 현재분사의 차이를 자세히 알아볼게요. 먼저 **동명사의 경우는 '명사'로 사용되므로 '진행'의 의미가 없습니다.**

Building a house is difficult.

집을 짓는 것은 어렵다. ← 진행의 의미가 없음 (동명사)

The man building a house **is Tom.**

그 집을 짓고 있는 중인 그 남자는 Tom이다. ← 진행의 의미가 있음 (현재분사)

여러분이 잘 알고 있는, 동사의 진행형이라고 부르는 'be -ing' 형태의 -ing
가 현재 '진행'의 의미를 가지다 보니 '현재분사'라는 이름이 붙게 된 겁니다.

He is reading a book. ← -ing는 현재분사

그는 책을 읽고 있는 중이다.

(reading a book이 He를 설명하는 형용사보어로 사용)

My hobby is reading a book. ← 현재분사가 아니라 동명사!

나의 취미는 책을 읽는 것이다.

(reading a book과 my hobby는 동격, 따라서 명사보어로 사용)

자, 그럼 아래 두 문장에서 **-ing**는 각각 무엇으로 사용되었을까요?

My dream is making a movie. 나의 꿈은 영화를 만드는 것이다.

Jane is making a doll. Jane은 인형을 만드는 중이다.

첫 번째 문장의 **making a movie**는 동명사, 두 번째 문장의 **making a doll**은 현재분사로 사용되었죠? 그리고 **동명사는 문장에서 '명사' 자리(주어 / 목적어 / 보어 자리)에 오고, 분사는 문장에서 '형용사' 자리에 옵니다.** 명심하세요. 똑같이 생겼기 때문에 자리와 의미를 통해 구분해야 합니다!

더 많은 예문을 함께 보고 정리해 볼게요.

[동명사의 경우]

● 명사의 자리

Making a doll is difficult. (동명사 – 주어)

인형을 만드는 것은 어렵다.

I enjoy making a doll. (동명사 – 목적어)

나는 인형을 만드는 것을 즐긴다.

My hobby is making a doll. (동명사 – 보어)

나의 취미는 인형을 만드는 것이다.

[현재분사의 경우]

● 형용사의 자리

The sleeping **girl is Jane.** (현재분사 – 명사를 앞에서 수식)

잠을 자고 있는 그 소녀는 Jane이다.

The girl sleeping **here is Jane.** (현재분사 – 명사를 뒤에서 수식)

여기에서 자고 있는 그 소녀는 Jane이다.

The girl is sleeping. (현재분사 – 주격보어로 사용)

그 소녀는 자고 있는 중이다. ※ 이때 is sleeping은 통째로 '현재진행형'

I found the girl *sleeping.* (현재분사 – 목적격보어로 사용)

나는 그 소녀가 자고 있는 중인 것을 발견했다.

좋아요. 그럼 이제 연습 문제로 확실하게 굳히기 들어갑시다!

똑같은 모습인 -ing 구분하기

(동명사 vs 현재분사)

아래 문장을 해석해 보세요.

1   Teaching children requires tact.
    →

2   The candidates can delay answering these difficult questions.
    →

3   I missed catching the train to Shanghai.
    →

4   Using nuclear weapons was one of the first military options.
    →

5   Look at the rising sun.
    →

6   They can not achieve this amazing feat.
    →

7   We can buy a paper containing the news of the world for a dime.
    →

8   The girl wearing a blue hat is very pretty.
    →

※ 정답과 해설은 p.353.

5-6

지각동사와 사역동사는
왜 동사원형을 쓸까요?

5형식이 궁금하신가요?

I want him to do the work.

I require him to go home.

I encourage him to study English.

우리 앞에서 문장의 5형식에 대해 이야기했던 것 기억하시죠? 그런데 바로 **5형식 문장에서는 목적격보어 자리에 준동사**가 올 수 있습니다. 위의 문장들은 전부 5형식이고 아래와 같이 해석이 됩니다.

I want him to do the work.

나는 그가 그 일을 하기를 **원한다.**

I require him to go home.

나는 그가 집에 가야 한다고 **요구한다.**

I encourage him to study English.

나는 그가 영어를 공부할 수 있도록 **용기를 준다.**

목적어와 뒤에 나온 to 부정사가 주어+동사처럼 해석이 되죠? 이것을 **5형식의 어형**이라고 보면 되는데요. 여기에 **to 부정사가 오는 이유**는 무엇이냐, 나는 그가 그 일을 하기를 원하고, 그가 집에 가야 한다고 요구하고, 그가 영어를 공부할 수 있도록 용기를 주는 거잖아요? 그렇다고 해서 **him**, 즉 그가 그 일을 하거나 집에 가거나 영어를 공부할까요? 할 수도 있고, 안 할 수도 있죠? 본인의 마음이니까요. 즉 **정해지지 않은, 확실하지 않은 상황**이잖아요? 그래서 to 부정사가 오는 거예요.

I saw the sun to rise.

I heard him to sing a song.

자, 그렇다면 위의 두 문장은 어떤가요? to 부정사를 써서 해석이 잘 되나요?

I saw the sun to rise.   나는 태양이 떠오르게 될 것을 봤다.

I heard him to sing a song.   나는 그가 노래를 부를 것을 들었다.

흠, 분명 우리말인데 무슨 소리인지 모르겠죠? 저대로 두면 '나는 떠오르지도 않는 태양을 보고, 들리지도 않는 노래를 듣는' 거예요. 일어나지 않을 일을 어찌 보거나 듣겠어요! 그러니 **see(본다), hear(듣는다) 같은 단어는 to 부정사를 쓸 수가 없는 거예요.** 그렇다면 어떻게 써야 할까요?

I saw the sun rise.   나는 태양이 뜨는 것을 봤다.

I heard him sing a song.   나는 그가 노래를 부르는 것을 들었다.

이렇게 **목적격보어 자리에 동사의 원형(R)을 써 주면 올바른 문장**이 됩니다!

자, 이제 우리는 **see**(본다), **hear**(듣는다) 같은 단어는 to 부정사를 쓸 수가 없다는 걸 알았어요. 바로 여기서 여러분이 정말 많이 들어 왔을 특이한 문법 사항, '**지각동사**'가 나옵니다!

지각동사란 '**보다**(see, look at, watch, witness), **듣다**(hear, listen to), **느끼다**(feel), **알아차리다**(notice)' 와 같은 의미를 가진 동사로, 5형식 문장에서 목적격보어 자리에 **to** 부정사가 아닌 동사원형(R)의 형태를 갖습니다. 위에서 이야기한 대로 **to** 부정사가 오지 못하는 이유만 숙지해 주세요!

그리고 지각동사로 불리는 동사들은 **목적격보어 자리에 동사원형(R)이 아닌 현재분사(R-ing)를 써도 무방**합니다. -ing를 쓰는 경우에는 '진행 중인 상황'을 뜻하는 것으로, 아래와 같이 살짝 다르게 해석되지만 의미에 큰 차이는 없습니다.

I saw the sun rise. (○) 나는 태양이 뜨는 것을 봤다.
I saw the sun rising. (○) 나는 태양이 뜨고 있는 중인 것을 봤다.

그리고 이렇게 원형을 쓰는 동사로 '**사역동사**'라고 부르는 동사도 있는데, 이역시 여러 가지 설들이 있지만 **지각동사처럼 5형식으로 사용될 때 목적격보어에 동사원형을 쓰는 특이한 동사**라고만 알고 있으면 충분합니다. 왜냐하면 사역동사는 딱 3개밖에 없거든요. 그냥 외워 버리는 걸 추천해요!

make, have, let

3개 모두 '사역'이라는 이름에 맞게 '~하게 하다' 정도로 해석이 되는데, 물론 어감의 차이는 있습니다.

make (강제로) 하게 하다

have (make보다는 약하지만) 하게 하다

let (그러든지 말든지) 하게 두다

I made him go out.

나는 그를 밖으로 나가게 만들었다. (강제로 시키는 느낌)

I had him go out.

나는 그를 밖으로 나가게 했다. (make보다는 약하지만 요구하는 느낌)

I let him go out.

나는 그가 밖으로 나가게 두었다. (벌어지는 일을 그대로 내버려 두는 느낌)

여기서 조금 더 설명하고 싶은 사역동사는 let입니다. 공부를 하면 할수록 깨닫게 되겠지만 동사는 정말이지 다양한 형태로 사용이 가능하답니다. 예를 들어 make가 사역동사로 쓰인다고 이야기했지만 무조건 사역동사로만 사용되는 것은 아닙니다.

I make a doll. 나는 인형을 만든다. (3형식 make)

I make him a doll. 나는 그에게 인형을 만들어 준다. (4형식 make)

I make him go out. 나는 그를 밖으로 나가게 만든다. (5형식 사역동사 make)

앞에서 이미 다 배운 문장들이죠? 이렇게 다양하게 쓰이는 **make** 같은 동사는 그래서 공부하기가 참 쉽지 않아요. 하지만 고맙게도 **let은 거의 90% 이상 5형식 문장에서 사역동사의 형태로만 사용**됩니다. 해석하는 방법도 '목적어가 목적보어하게 두다'로 하면 오케이!

Let's go.

여기서 's는 Let us go에서 us를 축약한 형태죠. 그렇다면 아래 두 문장은 어떤가요?

Tom's book is good. Tom의 책은 좋다.

The man's kind. 그 남자는 친절하다.

첫 번째 문장의 's는 '~의'라는 뜻, 두 번째 문장의 's는 is의 축약, 이미 잘 알고 있죠? 그리고 's가 무조건 is의 축약이 아니라 **us**의 축약일 수도 있다는 점까지 꼭 기억해 주세요.

자, 그럼 이번에도 역시 연습 문제에서 여러 가지 예문들 함께 풀어 보며 굳히기 들어갈게요!

5형식 동사의 목적격보어 자리 구분

동사의 의미에 따라 뒤에 쫓아오는 준동사가 달라지는 것을 확인하며 아래 문장을 해석해 보세요.

1   He expected her (becoming / to become) a writer.
→

2   She felt something (to crawl / crawling) up her leg.
→

3   She could hear a dog (to bark / barking).
→

4   They made us (to work / work) for 12 hours a day.
→

5   She had a driver (to bring / bring) her car.
→

※ 정답과 해설은 p.354.

6   Let him (to go / go).

    ➡

7   I want my father (stopping / to stop) smoking.

    ➡

8   I saw him (to drive / drive) my car yesterday.

    ➡

9   She wanted the room (to clean / clean / cleaned) before dinner.

    ➡

10 He saw the window (break / broken).

    ➡

> "
> 9번과 10번은 좀 독특한 형태죠? 다음 장에서 바로 다룰게요.. 🙂
> "

궁금증 6

과거분사(p.p)가
도대체 뭔가요?

영문법을 배우기 시작한 후부터 '과거분사'라는 말은 정말 많이 들어 보셨을 거예요. 그런데 과거분사는 대체 뭔가요? 일단 동사의 3단 변화라는 거 있잖아요. 이게 그 3단 변화 중 3번째에 나오는 형태인데, 문제는 이 녀석 생긴 게 과거 시제랑 똑같단 말이죠. 그래서 둘을 구분할 줄 아는 게 관건이에요.

자, 아래 문장에서 made가 잘 해석되나요?

The doll made by me is good.
Tom made the doll.
The doll was made by me.
The doll seemed made in the store.

생각처럼 쉽지 않다면 과거동사와 과거분사라고 부르는 요소들이 헷갈리는 겁니다. 이번 장에서는 많은 사람들을 괴롭혀 온 바로 그 과거동사와 과거분사를 확실하게 구분하는 법을 배워 볼게요!

과거분사가 궁금하신가요?

과거분사,
한마디로 정의할게요!

우리가 흔히 **p.p**라고 부르는 과거분사는 **past participle**의 약자입니다. 이름만 들어서는 뭔지 잘 모르겠죠? 이 **p.p**라는 것이 정말 너무너무 중요한데, 중요한 만큼 어렵기도 해서 많은 사람들이 영문법을 멀리하게 만드는 주범이기도 해요. 왜 그런지 지금부터 보여 드릴게요.

여러분, **동사의 3단 변화**라고 들어 보셨나요? '사용하다'라는 의미를 가진 동사 **use**의 3단 변화를 예로 들어 볼게요.

use   –   **used**   –   **used**

동사의 원형(R)   과거동사(Ved)   과거분사(p.p)

일단 모양을 보면 알겠지만 **past verb** 즉, 과거동사에도 -**ed**가 붙어 있고, 과거분사에도 -**ed**가 붙어 있어서 겉으로 봤을 때는 차이를 알 수가 없습니다. 이게 바로 우리를 힘들게 만드는 부분이죠. 그렇다면 과거동사와 과거분사의 차이는 과연 무엇일까요? 우리가 기억해야 할 딱 하나의 차이는 바로!

과거동사 = 동사

과거분사 = 형용사

즉 과거동사 used는 '사용했다('-다'로 끝나는 동사)'로 해석되고, 과거분사 used는 '사용되는('~는'으로 끝나는 형용사)'으로 해석되죠. 모양은 똑같지만 하는 역할이 아예 다르다는 거예요. 앞에서 배웠듯이 **동사는 문장 내에서 서술어의 역할**을 하고, **형용사는 명사를 설명해 주는 역할**을 하게 됩니다.

과거동사는 능동의 의미를 지닌, 과거 시점을 나타내는 동사

과거분사는 수동의 의미를 지닌 형용사

He used the car.

그는 / 사용했다 / 그 차를

이 문장에서 **used**는 과거동사입니다. 왜냐하면 문장에서 동사의 자리에 왔기 때문이죠. 그리고 능동의 의미를 지녔고 과거 시점을 나타내기 때문에 위와 같이 해석이 됩니다. 그런데 다음 문장은 어떤가요?

The car used by him is good.

네, 맞아요. 여기서 **used**는 절대로 과거동사인 '사용했다'가 될 수 없습니다. 두 가지 이유 때문인데요. 첫 번째, 해석이 안 됩니다. '그 차는 사용했다?' 말이 안 되죠. 두 번째, 이 문장에서 동사는 명백히 **is**입니다. 그래서 **used**가 과거동사라면 동사가 2개인 문장이 되어 버리죠. 그래서 이 문장에서 **used**는 p.p가 되고, '사용되는'이라는 뜻의 형용사로 앞에 있는 명사를 꾸며 주게 됩니다.

The car (used **by him**) **is good.**

(그에 의해서 사용되는) 그 차는 좋다.

이해되셨죠? 다시 한번 정리하고 넘어갈게요!

Ved(과거동사) **–** 과거 시점을 나타내는 능동의 의미를 지닌 동사
p.p(과거분사) **–** 수동의 의미를 지닌 형용사

> p.p가 have뒤에 나와서 have+p.p로 사용되는 경우는 '수동'의 의미가 아니라 '동작의 완료'를 나타냅니다. 이 부분은 시제에서 자세히 다룰게요. 😊

Ved(과거동사) vs p.p(과거분사)

아래 문장을 해석해 보세요.

1 The seed planted in the earth can grow.
→

2 We planted tomatoes in the garden.
→

3 No one found a solution to this problem.
→

4 All paper contains cellulose found in all plants.
→

5 Han-geul invented in 1446 has 24 letters.
→

6 The person invented the steam engine.
→

7 I used the building as a warehouse.
→

8 The building used as a warehouse is mine.
→

※ 정답과 해설은 p.354.

p.p를 알고 나면
수동태는 식은 죽 먹기

과거분사와 수동태의 관계가 궁금하신가요?

자, 과거분사를 해결했으니 이제 아주 중요한 부분으로 넘어갑니다! 아래 문장을 잘 봐 주세요.

It is a good book.

The book is good.

첫 번째 문장에서는 **good**이 **book**을 앞에서 수식하고 있습니다. 이게 일반적인 형용사의 쓰임이죠. 그런데 두 번째 문장에서는 **good**이 **be**동사 뒤에 나와서 평소와는 달리 **The book**이라는 주어를 뒤에서 수식하고 있어요. 즉 **형용사는 명사를 앞에서 수식해 줄 수도 있지만, 보어로 사용되어 뒤에서 설명을 해 주는 것도 가능**합니다.

The book is great. 그 책은 굉장하다.

The man is happy. 그 남자는 행복하다.

The computer is useful. 그 컴퓨터는 유용하다.

자, 그렇다면 말입니다. 우리가 앞에서 분명 p.p는 형용사라고 이야기했었죠? 그러니까 당연히 great, happy, useful 등의 자리, 즉 **형용사 자리에 p.p를 넣어도 된다**는 얘깁니다!

The book is written. 그 책이 쓰여 있다. (written a. 글로 쓰인)

The man is neglected. 그 남자는 무시당한다. (neglected a. 무시당한)

The computer is used. 그 컴퓨터는 사용된다. (used a. 사용된)

어렵지 않죠? 우리가 수동태라고 부르는 형태가 바로 이겁니다. 왜 수동태가 **be+p.p**의 모습인지 이제 확실히 알겠죠? 사실 수동의 의미를 만드는 것은 **p.p**이고 be동사는 문장이 성립되기 위해 필요한 요소일 뿐입니다. 동사가 없으면 문장이 아예 성립이 안 되잖아요. 그래서 **be**동사가 필요한 거라고 생각하면 됩니다. 머릿속에 박제하기 위해 연습해 봅시다!

be동사 뒤 p.p = 수동태

아래 문장을 해석해 보세요.

1   The seed was planted in the earth.
   →

2   The problem was solved by him.
   →

3   The pen was made in the factory.
   →

4   The man looked neglected.
   →

> be동사 외에 다른 2형식 동사를 쓰는 것도 얼마든지 가능!
> 어차피 2형식 동사 뒤 보어 자리에 p.p라는 형용사가 온 것이기
> 때문에 의미만 적절하다면 얼마든지 be동사 외에 다른 동사
> 가 와도 무방합니다. ☺

※ 정답과 해설은 p.355.

당하는 입장도
생각해 주세요!

수동태가 궁금하신가요?

자, 앞서 배웠던 수동태, 정리 한번 해 볼게요. 수동태는 **be동사 뒤 형용사보어가 오는 자리에 p.p가 오는 것**으로, be동사의 '~상태이다'와 p.p의 '~된'이 합쳐져 **'주어가 p.p인 상태이다'**라고 해석이 됩니다. 이때 p.p가 수동의 의미이므로 편의상 **'be+p.p = 수동태 동사'**라고 부르는 거죠.

이번에는 좀 더 세부적인 사항들에 관해 다뤄 볼게요. 수동태에서 '태'는 영어로 voice인데, 우리는 보통 '목소리'라는 뜻으로 알고 있죠. **문법에서 '태'는 voice 즉, 입장**을 나타냅니다. 우리가 잘 아는 능동 voice, 수동 voice를 쉽게 설명하면 이렇습니다.

자, 오른편에 사진이 보이죠? 선생님이 학생들을 가르치고 있어요. 그런데 이건 선생님 입장이죠. 학생의 입장은 어떤가요? 선생님에 의해 가르침을 받고 있어요. 그렇죠? 정확히 이겁니다! 여기서 가르치는 동작을 하는 선생님의 입장이 능동, 가르치는 동작을 당하는 학생의 입장이 수동이 되는 겁니다. 그래서 입장이라는 말이 나오게 된 거예요.

A teacher teaches a student. (능동태)

선생님이 학생을 가르친다.

A student is taught by a teacher. (수동태)

학생이 선생님에 의해 가르침을 받는다.

첫 번째 문장은 선생님의 입장, 두 번째 문장은 학생의 입장이죠? 이렇게 동작을 당하는 입장을 표현할 때 **be+p.p**의 형태를 사용하게 된 겁니다. 그리고 아래와 같은 규칙을 세운 거죠.

수동태 규칙!

1. 먼저 목적어(학생)를 주어 자리로 보낸다.
2. 동사를 **be+p.p**의 수동 형태(가르침을 받다)로 바꾼다.
3. 주어(선생님)를 **by** 뒤에 붙여 준다.

A teacher teaches a student.

→ A student is taught by a teacher.

자, 이제 위와 같은 규칙을 이해했으니 동사의 능동 → 수동, 수동 → 능동을 자유자재로 바꿔 볼 수 있겠죠?

이렇듯 목적어를 주어로 보내고 동사를 be+p.p의 형태로 바꿔 주는 것이 수동태의 기본 원리입니다. 여기서 여러분이 꼭 이해하고 넘어갔으면 하는 부분이 바로 **수동태를 만들기 위해서는 반드시 목적어가 있어야 한다**는 점입니다. 목적어가 있어야 동작을 당하는 입장이 있고, 그 동작을 당하는 입장을 표현한 것이 수동태니까요. 여기서 저절로 알게 되는 사실 하나! **자동사는 수동태가 될 수 없다**는 겁니다. 당연하죠. 목적어가 없는데 어떻게 수동태로 전환을 시킬 수 있겠어요? 지금껏 그냥 외워 온 '자동사는 수동이 불가능하다'는 규칙은 외울 필요도 없는 너무나 당연한 얘기였던 겁니다.

그리고 또 당연한 사실 하나, **수동태는 목적어가 없다**는 것! 동사 뒤에 있던 목적어를 주어로 보냈으니 당연하겠죠? 그런데 이 부분과 관련해서는 예외가 있습니다. 바로 다음 장에서 다뤄 볼게요.

수동태 전환

아래 문장을 수동태로 바꾸고 해석해 보세요.

1 We published the first scientific textbook.
→

2 He chooses the road.
→

3 I kicked the ball.
→

4 Thomas Edison invented this machine.
→

5 Tom uses the computer.
→

※ 정답과 해설은 p.355.

수동태 뒤에는
목적어가 오지 못한다?

(feat. 4형식, 5형식의 수동태)

4형식 동사 기억하고 있나요? 이 동사는 목적어가 2개이다 보니 수동태로 바뀌면 목적어 하나가 남게 됩니다.

I gave him a doll.

나는 그에게 인형을 하나 주었다.

→ **He was given a doll (by me).**

그는 (나에 의해) 인형을 받았다.

어떤가요? 목적어 하나가 남았죠? 여기서 우리는 **수동태가 목적어를 남기지 않는다는 말이 100% 사실은 아니라는 것**을 알 수 있어요. 이렇게 원래 문장의 형태를 이해하고 나면 왜 이런 일이 벌어지는지 충분히 이해가 됩니다. 또한 5형식 동사의 경우에는 목적어 뒤에 보어가 남다 보니 수동태로 바꾸었을 때 뒤에 보어가 남게 됩니다.

I called him John.

나는 그를 John이라고 불렀다.

→ **He was called John (by me).**

그는 (나에 의해) 존이라고 불렸다.

어렵지 않죠? 이제 연습해 볼게요.

4형식과 5형식 동사의 수동태

아래 문장을 수동태로 바꾸고 해석해 보세요.

1   I told him the story.
→

2   The institution awarded him the prize money.
→

3   I make him happy.
→

4   People found the soldier safe.
→

5   They considered the therapy to be effective in eye disease.
→

※ 정답과 해설은 p.356.

6-5

be married to / be interested in은 수동태일까?

be married to가 궁금하신가요?

I buy a book. 나는 책 한 권을 구매한다.

수동으로 → **A book is bought by me.** 책 한 권이 나에 의해 구매된다.

> 사실 우리말은 수동태나 피동형의 문장이 발달하지 않아서 영어의 수동형 문장을 우리말로 곧이곧대로 해석하면 문법적으로 옳지 않거나 어색한 부분이 없지 않습니다. 그럼에도 여러분께 수동태에 대해 정확히 전달하기 위해 해석상의 어색한 부분들을 어느 정도 감수하고 진행하고 있으니 이해해 주세요. ☺

A letter is written by me. 편지 한 통이 나에 의해 쓰인다.

능동으로 → **I write a letter.** 나는 편지 한 통을 쓴다.

자, 앞에서 열심히 연습했으니 이제 이 정도는 문제도 아니죠? 그렇다면 질문입니다!

He is married to her.

능동으로 →   ?

눈치채셨나요? 이 문장은 능동으로 고칠 수가 없습니다. 왜냐하면 애당초 저 문장은 수동태가 아니기 때문입니다. 무슨 소리냐고요? 앞에서 이미 다 배웠듯 이 수동태는 **be+p.p** 형태로, 형용사인 **p.p**는 사실상 **be**동사의 보어였죠. 하지 만 실제로는 **be+p.p**를 통째로 동사처럼 해석했어요.

The book is written.
　　　　　V (통째로 동사 취급)

위 문장에서 **is written**은 통째로 '쓰인다'로 해석되며 그냥 하나의 동사처 럼 취급되고 있죠.

The book is written.
　　　　　V　　C (p.p를 형용사보어로 취급)

하지만 똑같은 문장을 위와 같이 순수한 보어로 취급해서 해석하면, 그 책은 '쓰여 있는' 상태가 되어 일반 형용사와 똑같이 '형용사보어'로 취급될 수 있습니다. 자, 그럼 아래 문장을 다시 볼게요.

He is married to her.

이 문장에서 **is married**를 하나의 수동태 동사처럼 취급하여 억지로 해석해 보면 '결혼되어지다' 정도의 뜻이 되는데 굉장히 어색하죠? 수동태라는 것이 어떤 동작을 당하는 상태를 말하기 때문에 그렇습니다. 따라서 이 문장에서는 **be+p.p**를 통째로 동사로 볼 게 아니라 **be동사+보어인 married**가 왔다고 보는 게 훨씬 자연스럽고 납득이 됩니다. 해석하면 '그는 결혼해서 그녀에게로 가 있는 상태' 즉 '그는 그녀와 결혼한 상태다'가 되겠죠. 즉 수동태로 보는 게 아니라 아래와 같이,

The book is useful (for children).
　　S　　V　　C　　　　전명구

주어+동사+보어에 전명구가 쫓아온 형태로 이해하는 게 맞습니다. 이렇게 수동태를 닮았지만 수동태가 아닌 표현들이 엄청나게 많습니다.

He is interested in the movie.　그는 영화에 흥미가 있다.
He is surprised at the news.　그는 그 소식에 놀랐다.
He is satisfied with his explanation.　그는 그의 설명에 만족하고 있다.

이제 이해되었나요? 이 문장들은 수동태가 아니었다는 사실! 연습을 통해 마무리해 볼게요.

be+p.p 뒤 by 외에 다른 전치사를 쓰는 경우

아래 문장을 해석해 보세요.

1   I was disappointed at his lack of courage.
    →

2   I was embarrassed at his abrupt question.
    →

3   The man is opposed to the plan.
    →

4   He was tired of hamburger.
    →

5   He was amazed at the story.
    →

※ 정답과 해설은 p.356.

자동사는 수동태가 불가능하다고 했지만 사실 예외가 있어요!

> **I laugh.** ← 이렇게 주어+동사만 있으면 당연히 수동태가 안 됨!
>
> **I laugh at him.** ← 이렇게 목적어를 받기 위해 전치사를 써 주는 경우는?

laugh at을 통째로 타동사처럼 취급하고 수동태로 돌리는 것이 가능합니다!

> **I laugh at him.** 나는 그를 비웃는다.
>
> → **He is laughed at by me.** 그는 나에 의해 비웃음을 당한다.

앞서 이야기했죠? 구동사라고 부르는 형태를 통째로 하나의 동사 취급을 하는 경우로 수동태의 특별한 형태라고 이해하면 되는데, 종류가 다양합니다. 여기서 중요한 건 **전치사를 절대 빼먹으면 안 된다**는 겁니다.

1. 자동사＋전치사

Tom laughed at Jane. Tom은 Jane을 비웃었다.

→ **Jane was laughed at by Tom.** Jane은 Tom에 의해 비웃음을 당했다.

2. 자동사＋부사＋전치사

He looked down on her. 그는 그녀를 경멸했다.

→ **She was looked down on by him.** 그녀는 그에 의해 경멸당했다.

3. 타동사+부사

I turned off the radio. 나는 그 라디오를 껐다.

→ **The radio** was turned off **by me.** 그 라디오는 나에 의해 꺼졌다.

4. 타동사+명사+전치사

We took care of the boy. 우리는 그 소년을 보살폈다.

→ **The boy** was taken care of **by us.** 그 소년은 우리에 의해 보살핌을 받았다.

자동사가 수동이 안 되는 건 당연한 얘기지만 타동사라고 해서 무조건 수동이 되는 것도 아닙니다. 이 **모든 결정권은 '의미'**에 달렸어요. 수동이 될 만한 것과 안 되는 것은 문장 안에서 파악된다는 거죠. 아래 문장들처럼 말이에요.

1. 해석해 보면 의미가 이상해요

I gave him a book. 나는 그에게 책을 주었다.

→ **He was given a book.** (○) 그는 책을 받았다.

I bought him a book. 나는 그에게 책을 사 주었다(구매해 주었다).

→ **He was bought a book.** (×) 그는…… 구매되었다??

2. 자동사＋전치사의 구가 수동이 될 때도 마찬가지

I graduated from the university. 나는 대학교를 졸업했다.

→ **The university was graduated from by me.** (×) 대학교가…… 졸업당했다??

who, that, whom, 그리고 because는 왜 필요한가요?
(feat. '절'에 대하여)

여러분, '접속사'라고 들어 보셨죠? and, or, but, 그리고 who, when, that, which, because, although 등을 접속사라고 부릅니다. 여기서 and, or, but은 **'등위접속사'**로, 단어와 단어 또는 절과 절, 문장과 문장을 대등하게 이어 줄 때 사용합니다.

Tom and Jane look happy.
톰과 제인은 행복해 보인다.

Tom goes to the office and works hard.
톰은 사무실에 가서 열심히 일한다.

Tom is working hard but
John is sleeping in his house.
톰은 열심히 일하고 있지만 존은 그의 집에서 자고 있다.

그리고 and, or, but과는 아예 다른 역할을 하는 접속사, 바로 **'종속접속사'**가 있습니다.

who, when, that, which, because, although

이 종속접속사가 문장에서 어떻게 사용되는지 지금부터 알아볼게요!

종속절이 궁금하신가요?

'종속절'을 알면
영어 공부 절반은 끝!

(feat. that절의 수동)

that, when, before, while, because, although 등의 종속접속사는 앞서 이야기한 대로 등위접속사와는 아예 다르게 사용이 됩니다. 물론 문장과 문장을 이어 준다는 공통점은 있지만 말이에요. 자, 지금부터 집중해 주세요!

> **that** ~라는 것
> **because** ~ 때문에
> **although** ~라 할지라도
> **who** 누가 ~인지/~는

여기서 눈여겨볼 부분! 바로 물결 표시(~)입니다. 종속접속사는 절대 단독으로 쓰이지 않고, **이 물결(~)에 해당하는 곳에 문장이 통째로 들어가서 덩어리째 명사, 형용사, 부사의 역할**을 하게 됩니다.

that	+ S + V	
because	+ S + V	
although	+ S + V	
who	+ V	

← 이런 식으로 통째로 문장 안에 들어가면 **명사절, 형용사절, 부사절** 이렇게 딱 3개로만 사용

문장으로 보면 좀 더 쉽게 이해될 거예요. 먼저 **that**입니다.

그가 친절하다(라)는 것은 사실이다.

he is kind = 그가 친절하다 / **is true** = 사실이다

↓

That he is kind = 그가 친절하다(라)는 것

↓

<u>That he is kind</u> is true.

(밑줄 친 부분이 통째로 문장 안에서 명사의 역할 → 명사절)

'**~라는 것**'으로 해석되는 **that**이 어떻게 쓰이고 있는지 아시겠죠? 위의 문장에서 **That he is kind**가 **is** 앞에 나왔으니 명사절이 주어의 역할을 하고 있네요. 자, 그런데 여기서 아주 중요한 문제가 있습니다. 앞에서 명사는 주어, 목적어, 보어 역할을 한다고 배웠잖아요? **동사 앞에 명사가 나오면 주어, 동사 뒤에 명사가 나오면 목적어 아니면 보어**, 이렇게 말이에요.

<u>Water</u> is clean. → 동사 앞
주어

I drink <u>water</u>. → 주어와 다른 명사
목적어

It is <u>water</u>. → 주어와 같은 명사
보어

이 일이 똑같이 벌어지게 됩니다.

That he is kind is true. → that절이 주어

그가 친절하다는 것은 사실이다.

I know that he is kind. → that절이 목적어

나는 그가 친절하다는 것을 알고 있다.

The rumor is that he is kind. → that절이 보어

그 소문은 그가 친절하다는 것이다.

어떤가요? 우리가 단어(**water**)의 단위로 쓰던 것을 절(**that he is kind**)로도 쓸 수 있다는 거예요! 명사를 구분하는 기본 틀은 변하지 않고 말입니다.

자, 그럼 이제 조금 어려운 얘기를 추가해 볼게요. 사실 **that**이라는 종속접속사는 명사절로만 사용되지 않습니다. 형용사절로도 사용이 가능해서 문장 내에서 구분을 할 수 있어야 합니다. 구분 방법은 아래와 같아요.

that + 완전한 문장 → **명사절**
that + 불완전한 문장 → **형용사절**

이렇게 뒤에 어떤 문장이 쫓아오느냐에 따라 달라집니다!

That he is kind is true. → 명사절

The book that is interesting is mine. → 형용사절

첫 번째 문장에서는 **that** 뒤에 완전한 문장이 왔기 때문에 통째로 명사절의 역할을 하고 있지만 두 번째 문장에서는 **that** 뒤에 주어가 빠졌죠? 이렇게 되면 **that**절이 앞에 있는 명사 **the book**을 꾸며 주는 역할을 하게 됩니다. 명사를 꾸미는 건 형용사잖아요? 그래서 이렇게 불완전한 문장을 가지고 오는 **that**절을 **형용사절**이라고 부르고 아래와 같이 해석하면 됩니다.

The book <u>that is interesting</u> **is mine**.

흥미로운 그 책은 내 것이다.

이제 명사절과 형용사절로 사용되는 경우는 알겠는데, 절이 하나 더 있었죠? 바로 부사절이에요. 부사절의 예로 **because**를 보여 드릴게요.

<u>**Because he is kind**</u>, **I like him**.

그가 친절하기 때문에 나는 그를 좋아한다.

내가 그를 좋아하는데 그 이유가 뭔지를 **because**가 이끄는 절을 이용해서 밝혀 주고 있는 거예요. 그래서 문장의 내용을 부가 설명해 주는 이 **because**절을 **부사절**이라고 부릅니다. 자, 그럼 정리할게요.

1. 명사절의 자리 – 주어, 목적어, 보어 자리

> 지금부터 명사절은 < >로, 형용사절과 부사절은 ( )로 표기할게요. ☺

ex **that**+완전한 문장 → 명사절

〈**That he is kind**〉 **is true**. → 동사 앞-주어

그가 친절하다는 것은 사실이다.

I know ⟨that he is kind⟩. → 동사 뒤 - 목적어(주어와 다른 명사)

나는 그가 친절하다는 것을 안다.

The rumor is ⟨that he is kind⟩. → 동사 뒤 - 보어(주어와 같은 명사)

그가 친절하다는 것은 소문이다.

2. 형용사절의 자리 – 명사 바로 뒤

`ex` **that**+불완전한 문장 → 형용사절

The book (that looks expensive) **is mine**.

비싸 보이는 그 책은 내 것이다.

This is the book (that makes us excited).

이것은 우리를 흥분하게 하는 책이다.

3. 부사절의 자리 – 완전한 문장 앞, 중간, 끝

`ex` **because**+완전한 문장 → 부사절

(Because he is kind), **Jane likes him**. → 완전한 문장 앞

그가 친절하기 때문에 제인은 그를 좋아한다.

Jane, (because he is kind), **likes him**. → 완전한 문장 중간

제인은 그가 친절하기 때문에 그를 좋아한다.

Jane likes him (because he is kind). → 완전한 문장 끝

제인이 그를 좋아하는 건 그가 친절하기 때문이다.

이제 확실히 이해가 되었나요? 그런데 여기서 조금 머리 아픈 문제가 두 가지 등장합니다. **첫째, 종속접속사의 종류가 엄청나게 많다**는 겁니다.

that, who, when, where, why, how, because, although, whether, if, before, after, since, as, unless, as, whoever, whenever, wherever, however, while, until, till ······

정말 '헉' 소리 나게 많죠? 우리는 이 종속접속사들이 문장 내에서 각각 어떤 역할로 쓰이고 있는지를 알아야 합니다.

둘째, 접속사가 하는 역할이 하나로 정해져 있지 않다는 겁니다. 예를 들어 **that**절은 명사절도 되고 형용사절도 되죠? 그런데 또 경우에 따라서는 부사절로도 사용이 된단 말이죠. **so ~ that** 구문 많이 들어보셨죠? 그때 **that**절이 바로 부사절로 사용되는 **that**절입니다. **who**절은 명사절과 형용사절 2가지로, **what**절은 명사절로만 사용되고 형용사절과 부사절의 쓰임이 없습니다. **because**절은 부사절로만 사용되고 명사절과 형용사절의 쓰임이 없죠.

아, 슬슬 머리가 아파 오나요? 사실 종속접속사를 정복하면 영어 문장을 제대로 파악하는 능력 대부분을 얻게 된 것이라고 말할 정도로 어려운 부분이긴 합니다. 이 책에서는 종속접속사의 종류를 다 다루지는 않을 거예요. 우리는 종속절로 사용되는 주요 접속사들만 확실하게 잡고 가려고 합니다. 이제 여러분 스스로 접속사를 해결할 수 있는 방법에 대해 이야기해 볼게요!

문장 내에서
접속사를 만났을 때

앞서 이야기한 대로 접속사의 종류는 정말 너무너무 많습니다. 그러나 역할로만 따져 보면 명사절, 형용사절, 부사절 이렇게 세 종류밖에 없기 때문에 차근차근 공부해 나가면 충분히 정복할 수 있을 겁니다.

지금부터는 문장 내에서 접속사를 만났을 때 이 접속사가 어떻게 쓰인 건지 알아볼 수 있는 방법에 대해 이야기해 볼게요.

I don't know whether he is kind or not.
Whether he is kind or not, I like him.

예를 들어 **whether**라는 접속사를 맞닥뜨렸다면?

먼저 첫 번째 문장을 볼게요. **whether** 뒤에 **he is kind or not**까지가 통째로 하나의 역할을 한다는 것이 보여야 해요.

I don't know whether he is kind or not.

이렇게 묶어 내면 **whether**의 자리가 어디인지 확실히 보이죠. 여기서는 **know**라는 동사 뒤에 나왔기 때문에 통째로 목적어의 역할을 하고 있습니다. 목적어로 사용되었다는 것은? 네, 바로 '명사절'로 사용되었다는 뜻이겠죠?

여기서 잠깐 저만의 팁을 드릴게요. 저는 온라인으로 사전을 찾아볼 때 네이버 사전을 주로 활용하고 있어요. 네이버 사전의 경우 옥스퍼드, 동아출판, **YBM** 등 다양한 사전을 제공하는데, 그중에서도 동아출판에서 제공하는 사전에서 **whether**를 찾아보면,

whether	🔍

1

    a. (간접의문문의 명사절을 이끌어) …인지 어떤지
    He asked whether **he could help**.
    그는 자신이 도울 수 있나를 물었다.

'**명사절을 이끌어**'라는 문구가 있고, '**~인지 어떤지**'로 **해석**한다고 나와 있죠? 이 방법대로 앞쪽의 첫 번째 문장을 해석해 볼게요.

I don't know ⟨whether he is kind or not⟩.

나는 그가 친절한지 혹은 아닌지를 모른다.

두 번째 문장은 어떤가요?

Whether he is kind or not, I like him.

I like him이라는 완전한 문장 앞에 **whether**절이 나와서 '부사절'로 사용되었다는 것을 알 수 있어요. 다시 한번 사전을 열어 볼게요.

1

  b. (양보의 부사절을 이끌어) …**이든지 아니든지** (간에), ……이든지 (여하간에)
  whether for good or for evil
  좋건 나쁘건

'**부사절을 이끌어**'라는 문구가 있고, '**~이든지 아니든지**'로 해석한다고 나와 있죠?

(Whether he is kind or not), I like him.

그가 친절하든 아니든 나는 그를 좋아한다.

이렇게 사전을 활용해서 '아, whether라는 접속사는 명사절이나 부사절을 이끄 는 접속사의 역할을 하는구나!' 하고 하나씩 알아 가면 됩니다. 새롭게 만나는 다른 접속사들도 이렇게 사전을 활용하며 익혀 주세요.

   접속사의 종류는 너무 많아서 반드시 차근차근 정복해 나가는 걸 추천합니 다. 그럼 이제 연습해 볼게요!

종속절

아래 밑줄 친 종속절이 무슨 절로 사용되었는지 쓰고 해석해 보세요.

1 The important thing is <u>that the dance is one of traditions</u>.
   ➡

2 I have a book <u>that makes me interested</u>.
   ➡

3 <u>That he came back yesterday</u> is certain.
   ➡

4 <u>If you turn to the left</u>, you will find the office.
   ➡

5 A man <u>who makes no mistakes</u> makes nothing.
   ➡

6 He was absent <u>because he was ill</u>.
   ➡

※ 정답과 해설은 p.356.

7 The man, <u>although fast food isn't healthful</u>, eats it.
→

8 I don't know <u>when it began to rain</u>.
→

9 The doll <u>which we bought for her</u> is really good.
→

10 I know <u>that he came back yesterday</u>.
→

11 The time <u>when it began to rain</u> is important.
→

12 <u>What is important</u> is money.
→

13 <u>When it began to rain</u>, we started to run.
→

이제 **that**절을 배웠으니 **동사 뒤에 오는 that절이 수동태가 되면 일어나는 일**에 대해서도 이야기해 볼게요. 이게 상당히 독특합니다. 예문을 함께 볼까요?

People think that he studies hard.

사람들은 그가 열심히 공부한다고 생각한다.

위 문장에서 **that**절이 통째로 목적어입니다. 따라서 이 것을 수동태로 바꾸면 아래와 같은 형태가 돼요.

that절의 수동태가
궁금하신가요?

That he studies hard **is thought** (**by people**).

분명히 하자가 없는 문장이지만 영어는 주어가 너무 긴 걸 선호하지 않아요. 그러다 보니 **that절을 동사 뒤로 보내고 주어 자리에 가주어를 놓게** 되죠.

It is thought that he studies hard.

that절을 목적어로 받는 동사가 수동이 되는 과정을 확인해 볼게요.

1   **They say that he will go home.**

→ **That he will go home is said** (**by them**).

– that절을 통째로 주어 자리로 옮김

→ **It is said that he will go home.** – 가주어+진주어 구문으로 사용

그가 집에 갈 거라고 말해지고 있다. (그들에 의해)

2   I believe that the student will pass the exam.

→ That the student will pass the exam is believed (by me).

- that절을 통째로 주어 자리로 옮김

→ It is believed that the student will pass the exam (by me).

- 가주어+진주어 구문으로 사용

그 학생은 시험에 통과할 거라고 믿어지고 있다. (나에 의해)

3   I suppose that he will arrive here.

→ That he will arrive here is supposed (by me).

- that절을 통째로 주어 자리로 옮김

→ It is supposed that he will arrive here (by me).

- 가주어+진주어 구문으로 사용

그가 여기에 올 거라고 여겨지고 있다. (나에 의해)

자, 이제 여기서 한 단계 더 나가 볼게요!

It is thought that he studies hard.
that절의 주어를 주절의 주어로 옮기면 **that**은 사라지고

↓

He is thought studies hard.
동사 2개가 연달아 나올 수 없으므로,
study 앞에 **to**를 붙여서 **study**를 준동사로 바꿔 주면!

↓

He is thought to study hard.

짜잔! 이런 문장이 성립됩니다. 문장 그대로 해석하자면 '그가 공부를 열심히 할 것이라고 생각된다' 정도가 되겠지만, 결국 의미는 맨 처음 보여 드렸던 문

장인 'People think that he studies hard. 사람들은 그가 열심히 공부한다고 생각한다'와 다르지 않습니다.

또 다른 **that**절을 받는 동사들에도 이와 같은 일들이 벌어집니다.

It is supposed that he will arrive here.

→ He is supposed to arrive here.

이렇게 말이죠. 여기서 나온 아주 흔하게 쓰는 표현이 '**be supposed to R**' 형태라고 생각하면 되겠습니다. 다양한 예문으로 더 연습해 볼게요. 특히 **that** 절을 수동태로 만들어 '가주어+진주어'가 된 상태에서 한 번 더 바뀌는 과정을 이해해 보세요!

1 **It is said that he will go home.** – 가주어+진주어 구문

   → **He is said to go home.** – to 부정사로 바꿔 준 형태

     그는 집에 간다고 말한다.

2 **It is believed that the student will pass the exam.** – 가주어+진주어

   → **The student is believed to pass the exam.** – to 부정사로

     그 학생은 시험에 통과할 것으로 여겨진다.

3 **It is supposed that he will arrive here.** – 가주어+진주어

   → **He is supposed to arrive here.** – to 부정사로

     그는 여기에 도착하기로 되어 있다.

> 여기서 준동사는 언제나 to 부정사만! -ing 형태는 의미 때문에 사용하지 않아요. ☺

관계사가 뭔가요?
의문사는요?

관계대명사가 궁금하신가요?

종속접속사 중 **who**라는 녀석이 있습니다. 우리가 잘 알고 있는 '누구'라는 뜻의 이 단어는 문장 내에서 단순히 '누구'라는 뜻으로만 사용되는 것이 아니라 접속사로도 사용이 됩니다.

He is the man who likes me.

여기서 **who**는 앞서 설명했던 접속사들 중 하나입니다. 그리고 여기서는 앞에 나온 **the man**을 수식해 주는 **형용사절의 역할**을 하고 있습니다.

He is the man (who likes me).

그는 (나를 좋아하는) 그 남자이다.

특이한 점은 여기서 **who**는 앞에 나오는 **the man**을 받아 주는 대명사의 역할을 함과 동시에 **is**와 **like**라는 2개의 동사를 이어 주는 **접속사의 역할**도 하고 있다는 겁니다.

He is the man and he likes me.

여기서 and라는 접속사를 중심으로 양쪽 문장에 서로 관련 있는 단어가 있죠? 네, 바로 the man = he입니다. and 앞에 나온 the man이 and 뒤에 나온 he랑 같아요! 그래서 the man과 he를 한 단어로 합쳐서 사용할 수 있는 단어를 찾자, 앞에 나온 명사가 사람이면서 주어 자리에 있으니 who를 쓰자! 이렇게 된 겁니다.

He is the man and he likes me.
└ + ┘
= who likes me.

이렇게 문장을 이어 주는 접속사의 역할과 앞 명사를 받아 주는 역할을 동시에 하는 이 단어를 우리는 **접속사와 대명사의 역할을 동시에** 한다고 하여 **관계대명사**라는 이름으로 부르고 있습니다.

이 관계대명사는 앞에 나오는 명사를 꾸며 주는 형용사절의 역할을 하게 되는데, 그래서 해석을 '~ㄴ'으로 합니다. 그리고 꾸미는 명사가 무엇이냐에 따라 다양한 관계대명사들을 사용하게 되죠.

He is the man (who likes me). – 앞 명사가 사람+who 뒤에 주어가 빠져 있는 문장
그는 (나를 좋아하는) 남자다.

He is the man (whom I like). – 앞 명사가 사람+whom 뒤에 목적어가 빠져 있는 문장
그는 (내가 좋아하는) 남자다.

이렇게 관계대명사절 앞에 나오는 꾸밈을 받는 명사가 사람이면 who나 whom을 사용하는데 주어가 빠진 문장이면 who를, 목적어가 빠진 문장이면

whom을 사용합니다. 만약 꾸밈을 받는 명사가 사물이라면? **which**를 사용합니다!

It is the car (which looks expensive). – 앞 명사가 사물

그것은 (비싸 보이는) 자동차다.

It is the car (which I will buy). – 앞 명사가 사물

그것은 (내가 구매할) 자동차다.

which는 뒤에 오는 문장에 주어가 빠져 있건 목적어가 빠져 있건 상관없이 둘 다 which를 사용해요! 조금 더 깊이 있게 관계대명사를 공부하고 싶으신 분들은 아래 큐알코드, 꾹! 😊

자, 지금부터는 관계사를 기존의 방법과는 달리 간단하게 이해하는 방법을 제시해 볼게요. 먼저 **who**라는 단어를 생각해 보면 이 '누구'라는 사람이 남자인지 여자인지는 모르잖아요? 그래서 이 **who**라는 단어를 '**걔, 그분**' 정도로 생각해 주세요. 그럼 이해가 편해요.

I met a child. 나는 어떤 아이를 만났어.

위의 문장에서 **a child**를 '근데 걔는'의 뜻인 **who**로 이어 주는 거예요.

I met a child, who is kind.

나는 한 아이를 만났어. (근데) 걔는 친절해.

어렵지 않죠? 하나 더 해 볼게요.

I saw a student, who **was studying hard**.

나는 한 학생을 봤어. (근데) 걔는 열심히 공부하고 있는 중이었어.

감이 오죠? 앞에 나온 사람을 다시 한번 **who**라는 단어로 지칭하고, 그다음에 내가 하고 싶은 말을 이어 붙이는 거예요. 아, 중간에 넣을 수도 있어요!

A child, who **lives in Korea**, **looks happy**.

어떤 한 아이는 (근데) 걔는 한국에 살고 있는데 행복해 보여.

The teacher, who **teaches English**, **likes children**.

그 선생님은 (근데) 그분이 영어를 가르치는데 아이들을 좋아해

이제 앞에 나온 명사가 사물일 때 쓰는 **which**의 예문들을 만나 볼게요.

This is the book, which **sells well in Korea**.

이건 책이야. (근데) 그건 한국에서 잘 팔려.

sell well은 숙어로 '잘 팔리다'예요. 😊

이렇게 사람이 아니라 사물이라면 **which**를 써 주고, **'그것(그건, 그걸)'**이라는 뜻으로 이해하면 편합니다.

This is the book, which **I will buy tomorrow**.

이건 책이야. (근데) 그걸 나는 내일 구매할 거야.

which 역시 중간에 넣을 수 있어요!

The desk,	which I bought yesterday,	is really good.
그 책상은,	(근데) 그걸 내가 어제 구매했는데,	정말 좋아.

재미있는 건 **which**의 뜻이 '그것'이다 보니 꼭 앞에 나온 명사만 수식하는 것이 아니라 앞에 나온 내용 전체를 수식하기도 해요.

He studied hard in his youth, which contributed to his success in later life

그는 젊은 시절에 열심히 공부했어. (근데) 그게 나중의 삶에서 그의 성공에 기여했어.

아, 이런 것도 있어요!

This is the house, in which I study English.

이것은 집이야. (근데) 그것 안에서 나는 영어 공부를 해.

어때요? 특이하죠? 이렇게 전치사 뒤에 나오는 명사가 **which**가 될 수도 있어요. 이렇게 **which 앞에 전치사가 붙어 나오는 경우**도 기억해 두세요!

자, 이제 **who**와 **which**는 어느 정도 해결됐죠? 이제 다른 관계대명사도 만나 볼게요!

What I want　　　**is the book.**

내가 원하는 것은　　　그 책이다.

What makes me happy　　　**is the book.**

나를 행복하게 만들어 주는 것은　　　그 책이다.

관계대명사 중 **what**은 정말 독특하게도 앞의 명사를 다시 지칭하는 게 아니라 **자기 자신이 명사절**로 사용돼요.

위의 두 문장과 **who, which**(that)와의 차이점이 보이나요? **who**나 **which**(that)는 앞에 명사가 나오고 그 명사를 다시 지칭하는 역할을 했어요. 즉 앞에 나오는 명사를 설명해 주고 있기 때문에 형용사절로 사용되었죠.

반면 **what**절은 앞에 명사가 나오지 않고 **what** 자체를 '~**것**'이라는 뜻으로 해석해서 문장 내에서 명사절로 사용이 됩니다. 그래서 늘 **what**절을 만나게 되면 '~것'이라고 해석하고, **who**나 **which**와는 달리 앞에 꾸미는 명사가 없다고 생각하면 편합니다.

The book which I want is good.　← 이건 말이 되지만
The book what I want is good.　← 이렇게 쓸 수는 없다는 뜻!

what절은 명사절로 사용이 되기 때문에 앞에 꾸밈을 받는 명사가 나올 수

없다는 것을 반드시 기억하고 예문들을 만나 볼게요.

1 <u>What</u> **made her angry was his indifference**.

= The thing which – 명사절(주어)의 쓰임

→ 그녀를 화나게 만든 것은 그의 무관심이었다.

2 **Many people cannot do** <u>what</u> **they really want to do**.

= the thing which – 명사절(목적어)의 쓰임

→ 많은 사람들이 그들이 실제로 하기를 원하는 것을 할 수 없다.

3 **Happiness is** <u>what</u> **every one seeks after**.

= the thing which – 명사절(보어)의 쓰임

→ 행복은 모든 사람이 추구하는 것이다.

when, where, why, how

지금까지 이야기한 관계대명사라고 불리는 **who, whom, which, that, what** 외에 관계부사라고 불리는 접속사와 부사를 합친 형태가 있습니다. 이것도 원리는 다르지 않아요.

when은 '시간'
where는 '장소'
why는 '이유'
how는 '방법'

1 **This is** the time, **when he met her**. – 앞의 시간 명사를 설명

→ 이것은 시간이다. (근데) 그 시간에 그는 그녀를 만났다.

2 **This is** the place, **where I live**. – 앞의 장소 명사를 설명

→ 이것은 장소다. (근데) 그곳에서 나는 산다.

※ **This is the reason why he is sad**. – 앞의 이유 명사를 설명

→ 이것이 그가 슬픈 이유다.

> the reason why의 경우에는 ','(콤마를 찍지 않는다는 원칙이 있어요!
> 그래서 해석법이 조금 달라집니다. 이건 '제한적 용법', '계속적 용법'과 관련이
> 있어요. 해설과 정답 358쪽을 참고해 주세요. ☺

앞에 설명할 명사가 시간이나 장소나 이유라면, 위와 같이 관계부사라고 부르는 녀석들을 이용하는 거예요. 앞에 나오는 명사들도 얼마든지 다양하게 올 수 있고요. 이 부분도 함께 연습해 볼게요.

1 **I visited the city in** summer, **when it was too hot**.

– when은 시간을 나타내는 명사를 설명

→ 나는 그 도시를 여름에 방문했다. (근데) 그때 너무 더웠다.

2 **Tom and Jane went to** the city, **where they had lunch**.

– where는 장소를 나타내는 명사를 설명

→ Tom과 Jane은 그 도시로 갔다. (근데) 거기서 그들은 점심을 먹었다.

※ **There are many** reasons why **people dislike the climate**.

– why 앞에 나올 수 있는 단어는 reason뿐

→ 사람들이 그 기후를 싫어하는 많은 이유가 있다.

> This is the way, how I work. (×)
> 이것은 방법이다. (근데) 그 방법으로 나는 일한다.
>
> how의 경우 the way랑 같이 쓰는 게 불가능해요! 그래서 이 문장은 실제로 사용되지 않고 아래와 같이 써야 해요.
>
> This is how I work. 이것은 내가 일하는 방법이다.
> (= This is the way I work.)

whose

이번엔 **소유격 관계대명사**라고도 불리는 **whose**를 소개할게요. 소유격이 원래 문장 내에서 하는 역할이 형용사이기 때문에 '**관계형용사**'라고 불리는데 이 **whose**는 앞 명사와의 **소유 관계가 성립될 때** 사용하게 돼요. '**(근데) 그(것)의**'로 해석하는데 아래 예문을 함께 볼게요.

He is Tom,　　**whose sister is kind**.

그는 Tom이다.　　(근데) 그의 여동생은 친절하다.

She is the writer,　　**whose book sells well**.

그녀는 작가다.　　(근데) 그 작가의 책은 잘 팔린다.

조금 특이하죠? **whose**가 소유격의 역할을 하는 거라고 생각하면 어렵지 않아요. 거기에 특이하게도 (회화체에서는 쓸 일이 별로 없지만) 사람이 아닌 경우에도 쓸 수 있답니다.

This is the house,　　**whose roof is red**.

이것은 집이다.　　(근데) 그 집의 지붕은 빨간색이다.

이렇게 whose라는 녀석도 관계사로 사용할 수 있으니 참고로 알고 계세요!

다시 who, whom, which, what
그런데 관계사 아니고 의문사!

자, 지금까지 배운 who, whom, which, what은 **질문을 하고 싶을 때도** 사용합니다. 모양은 동일하지만 문장 내에서 역할이 달라지는 거죠. 관계사와 꼭 구분해야 합니다. 규칙은 간단해요!

사람이 궁금하면 who
사물이 궁금하면 what (혹은 '어느 것'이라는 뜻으로 which 사용 가능)
시간이 궁금하면 when
장소가 궁금하면 where
이유가 궁금하면 why
방법이 궁금하면 how

그럼 아래 문장들을 의문문으로 만들어 볼게요.

그는 누구니?	→ Who **is he?**
그는 뭘 구매했니?	→ What **did he buy?**
그는 언제 여기에 도착했니?	→ When **did he arrive here?**
그는 어디서 사니?	→ Where **does he live?**
그는 왜 슬프니?	→ Why **is he sad?**
그는 어떻게 공부하니?	→ How **does he study?**

어렵지 않죠? 그리고 지금 이 문장들을 명사절로 가져다가 사용하는 것도 가능해요.

<h1 align="center">I don't know <u>what he bought</u>.</h1>

나는 그가 무엇을 구매했는지를 모른다.

'나는 모른다' = **I don't know**를 써 준 뒤 위에서 썼던 문장 '그가 뭘 구매했니?' = **what did he buy?**라는 문장에서 '?'를 떼고, 의문문이라서 도치되어 있는 주어+동사를 원래 순서대로 돌리면, 짜잔! 위와 같은 문장이 나오게 됩니다. 이때 **what**절을 **의문사절**이라고 부르고 '**무엇 ~인지**'로 해석합니다.

의문사절은 무조건 명사절 자리에 나온다! 이것만 기억하면 관계사절과 구분하기 쉬울 거예요. 그럼 위의 의문문을 의문사절로 바꾸는 연습을 해 볼게요.

1   **I don't know** who he is.

　　→ 나는 그가 누구인지를 모른다.

2   **I don't know** what he bought.

　　→ 나는 그가 무엇을 구매했는지를 모른다. ('그가 구매했던 것'으로 해석하면
　　　관계대명사 what! which를 쓴다면 '어느 것 ~인지'로 해석)

3   **I don't know** when he arrived here.

　　→ 나는 그가 언제 여기에 도착했는지를 모른다.

4   **I don't know** where he lives.

　　→ 나는 그가 어디서 사는지를 모른다.

5   **I don't know** why he is sad.

　　→ 나는 그가 왜 슬픈지를 모른다.

6   **I don't know** how he studies.

　　→ 나는 그가 어떻게 공부하는지를 모른다.

관계사와 의문사

아래 문장에서 관계사와 의문사를 구분하고 해석해 보세요.

1 I don't know who likes me.

→

2 The man who likes me is Tom.

→

3 What I want is money.

→

4 I don't know what I want.

→

5 I don't know what book I want.

→

6 I don't know what book he will buy.

→

※ 정답과 해설은 p.357.

7 The book which looks expensive sells well.
→

8 We know which of the three is important.
→

9 The place where I live is Seoul.
→

10 I don't know where he lives.
→

11 When he came here is not known.
→

12 The time when he came here is uncertain.
→

13 The reason why he is happy makes me happy too.
→

14 I don't know how he will work.
→

15 I don't know how hard he will work.
→

16 I don't know how kind he is.
→

17 John had difficulty locating the man who called for help.
→

18 The houses, where most fire deaths occur, are in the city.
→

19 The historic building, which is located in east side of the city, is really old.
→

20 He can't speak the language of the country, in which she lives.
→

21 The parade, whose origin is unknown, became a national event for this country.
→

궁금증 8

영어의 시제는 어떻게 공부하나요?

과거 - 현재 - 미래

우리의 시간은 이렇게 과거 - 현재 - 미래로 흐릅니다. 영어에도 시간을 표현하는 독특한 방법이 있는데요, 이번 장에서는 영어에서 시제를 표현하는 방법에 대해 이야기해 볼게요. 이 부분만 제대로 이해하면 지금껏 별 생각 없이 외워왔던 영문법 시제를 확실하게 정복할 수 있을 거예요. 자, 그전에 먼저 질문!

영어 동사의 시제는 몇 개일까요?

정답부터 말씀드리면, 영어에서 동사의 변화로 시제를 표현할 수 있는 방법은 단 2가지뿐입니다.
엉? 그렇다면 과거, 현재, 미래 중에 어느 하나는 표현을 못한다는 얘기?
자, 그럼 궁금증을 가득 안고 출발해 보겠습니다!

시제가 궁금하신가요?

영어에 미래는 없다?

앞서 이야기했듯이 영어에서 동사의 꼴의 변화로 시제를 표현할 수 있는 방법은 단 2가지뿐입니다. 그것은 바로 현재시제와 과거시제, 즉 영어의 동사는 현재형과 과거형만 존재합니다. 미래형은 없습니다.

영어에 미래가 없다고?

아니, 이게 무슨 소리냐고요? 자, 그럼 work라는 단어로 이야기해 볼게요.

He works. 그는 일한다.

현재시제죠? 우리 맨 처음에 배웠던 내용 기억하고 있나요? 현재시제는 동사에 '수 일치'를 해 놓은 것을 말합니다. 그렇다면 과거는 어떤가요?

He worked. 그는 일했다.

동사의 3단 변화에서 두 번째, 보통 -ed를 붙이는 방식이죠. 이렇게 하면 과거시제가 됩니다. 이렇게 동사에 -s를 붙여서 수 일치를 하여 현재시제를, -ed를 붙여서 과거시제를 표현합니다. 보다시피 **동사 자체를 변화시켜 시제를 표현**하고 있어요.

자, 그렇다면 문제의 '미래'는 어떻게 표현할까요?

He will work.

네, 맞아요! 이렇게 써 주면 맞습니다. will이 '~일 것이다'라는 뜻이니까 '그는 일을 할 것이다', 미래가 맞아요.

will이 미래다??

will은 우리가 흔히 **조동사**라고 부르는데, 왜 미래는 동사 자체를 변화시켜 표현하지 않고 이렇게 다른 단어를 빌려 와서 표현하는 걸까요? 그리고 우리는 그냥 'will은 미래다'라고만 외우면 되는 걸까요?

사실 이 부분은 너무 중요합니다. 별표 다섯 개예요!

흔히 '미래는 **will**이다'라고 별 생각 없이 쓰는데, 사실 미래는 **will**만이 아닙니다.

나는 내일 공부를 할 거야.
나는 내일 공부를 할지도 몰라.
나는 내일 공부를 할 수 있어.
나는 내일 공부를 해야 해.

위 문장들 모두 미래의 다짐을 표현하고 있죠? 그럼 위 문장들을 영작해 볼게요.

I will study tomorrow.

I may study tomorrow.

I can study tomorrow.

I should study tomorrow.

자, 어떤가요? 꼭 **will**이 아니더라도 문맥에 따라 다양한 조동사를 사용해 미래를 표현할 수 있어요. 영어에는 동사 자체를 변화시키는 미래형이 없어서 이렇게 **미래를 나타내기 위해 조동사의 도움**을 받습니다.

가장 흔하게 미래를 나타내기 위해 빌려다 쓰는 게 **will**이다 보니 will을 대표적인 미래를 만드는 표현법으로 알고 있을 뿐이죠.

> "
> 원래부터 영어에는 미래형이 없었다고 해요. 그래서 독일어의 '의지'라는 뜻을 가진 will을 빌려와서 '~하겠다(라는 의지)'로 미래를 표현하다가 시간이 지나 정착이 되어 지금의 조동사 will이 되었다고 합니다. 😊
> "

He may work.

위 문장이 표현하고 있는 시간은 언제인가요? 정답은 **'현재일 수도 있고, 미래일 수도 있다'**, 즉 **'문맥에 따라 달라진다'**입니다.

1. 현재인 경우

A : 그 애 지금 뭐 하니?

B : 아, 그 애는 지금 일할지도 몰라. → He may work now.

(이 대화에서 may work는 지금에 대한 추측)

2. 미래인 경우

A : 그 애 내일 뭐 하니?

B : 아, 그 애는 내일 일할지도 몰라. → **He may work** tomorrow

(이 대화에서 *may work*는 일어날 일에 대한 추측)

이와 같이 **조동사+동사원형**은 현재뿐 아니라 미래를 표현할 수도 있다는 것, 이제 확실히 알겠죠?

자, 그런데 여기서 또 중요한 사실 하나!

현재시제로도 미래를 표현할 수 있다!

현재시제와 과거시제는 '그는 일한다, 그는 일했다'와 같이 지금 하고 있는, 혹은 이미 벌어진 100% 사실에 대한 표현입니다. 그런데 조동사가 붙으면 그 말은 더 이상 사실이 아닌 '가능성'이 되죠. '~할 거야(**will**)', '~할지도 몰라(**may**)', '~할 수 있어(**can**)', '~해야 해(**should**)' 등등.

현재시제 – **He works**. – 100% 사실

과거시제 – **He worked**. – 100% 사실

미래 – **He will work**. – ? (가능성)

바로 이런 사실 때문에 현재시제로도 얼마든지 미래를 나타낼 수 있습니다!

● 현재 시각 오후 1시

상황 1 나는 오늘밤 7시에 부산행 열차를 탈 거야.

→ **I will get on the train for Busan at 7 tonight**.

나는 오늘밤 7시에 부산행 열차를 **타**.

→ I get on the train for Busan at 7 tonight.

상황 1 은 시간대가 언제인가요? 당연히 아직 7시가 되지 않았고, 문장에 **will**이 있는 것으로 보아 '미래'겠죠? 그렇다면 상황 2 의 시간대는 언제인가요? 역시 아직 7시가 되지 않은 상황이니 미래입니다. 그런데 어라? '현재시제'를 이용해서 미래를 표현하고 있잖아요? 이렇게 현재시제로도 미래를 나타내는 것이 가능하다는 거예요! 그렇다면 앞의 두 문장에는 정말 아무런 차이가 없을까요?

정답은 앞에서 이미 이야기했어요. 현재시제를 쓰는 경우는 100% 사실, 조동사 **will**을 사용해 미래를 나타내면 '가능성'이에요.

I will get on the train for Busan at 7 tonight. – 가능성

I get on the train for Busan at 7 tonight. – 100% 사실

첫 번째 문장에서 나는, **7시에 부산으로 떠날 생각이긴 하지만 확실한 건 아니라는 어감**을 주죠. 반면 현재시제를 사용한 두 번째 문장은 **반드시 떠나겠다는 확고한 어감**을 줍니다.

The train heading for Jamsil is approaching.

지하철이 도착하기 전에 이런 방송이 나오는 걸 들어 본 적 있을 거예요. 이 방송이 나올 때 지하철은 아직 도착하지 않은 상황이죠? 그런데 **will approach**가 아닌 **is**라는 현재시제를 사용하고 있어요. 이제 우리는 여기에 왜 **will**을 안 썼는지 이해할 수 있습니다. 이 방송이 나오고 나면 분명히 지하철이 올 것이기 때문에 **is approaching**을 쓴 거죠. 만약 여기에 **will**을 쓰게 된다면 이런 어감이 될 거예요.

"지하철은 올 거야." (아니, 혹시 안 올지도?)

> be going to R **vs** will R
> 이제 우리가 별 생각 없이 외워 왔던 be going to R과 will R의 차이가 명확하게 보일 거예요.
>
>
>
> He is going to have a party.
> He will have a party.
>
>
>
> 둘 다 '그는 파티를 열 거야'라고 해석되지만 어감상 분명한 차이를 느낄 수 있죠?
>
>
>
> is going to – 예정된 미래(꼭 열리는 상황)
> will – 가능성(열릴 가능성이 있는 상황)
>
>
>
>
>
> Because he is going to have a party tonight, he is cleaning his house.
> 그는 오늘밤 파티를 열 예정이어서(열기 때문에) 집을 치우고 있는 중이다.
>
>
>
> 파티를 열기 위해 집 청소까지 하고 있다면? 파티는 100% 열린다는 뜻이겠죠? 따라서 is going to have가 훨씬 자연스럽게 느껴집니다.

8-2

현재시제는
언제 사용할까요?

현재시제가 궁금하신가요?

영어의 현재시제는 '현재'라는 말 때문에 지금 일어나는 일을 말할 때만 사용 된다고 오해할 수도 있지만, 사실 꼭 그렇지만은 않습니다.

정확히 말하면 **현재시제는 '일반적 사실'을 나타낼 때 쓰는 말**입니다. 즉 어제도 오늘도 내일도 '계속 이어지는 사실'에 대해서 언급할 때 씁니다.

나는 남자다.

예를 들면 이 문장에서처럼 저는 어제도 남자였고, 지금도 남자고, 앞으로도 남자일 겁니다. 만약에 과거형으로 '나는 남자였다'라고 말하면 지금 저는 여자 라는 뜻이겠죠? '나는 남자일 것이다'라고 말해도 마찬가지고요. 더 당황스러운 것은 '나는 남자인 중이다'겠죠? 이렇게 현재시제는 현재 일어나고 있는 상황뿐 아니라, 과거에도 지금도 앞으로도 계속되는 '일반적인 사실'을 말할 때 사용한 다는 것 알아 두세요.

What is your job?

I teach English.

"직업이 뭐예요?"라고 누군가 저에게 물어보면 저는 영어를 가르친다고 말합니다. 어제도 오늘도 내일도 영어를 가르치는 저는 영어선생님이죠. 이렇듯 **직업을 말할 때**도 현재시제를 사용합니다. 또한 **변하지 않는 불변의 진리, 과학적 사실, 격언, 속담 등**도 현재시제를 사용해요.

The earth is round. 지구는 둥글다.

The early bird catches the worm. 일찍 일어나는 새가 벌레를 잡는다.

자, 그럼 조금 더 자세히 들어가 볼게요.

I eat dinner.

어제도 오늘도 내일도 저녁을 먹는다, 즉 '나는 저녁을 먹는 사람'이라는 의미인 거겠죠?

I eat dinner tomorrow.

그런데 여기에 '내일(tomorrow)'이라는 **미래 시점 부사어**가 오면 현재시제지만 미래를 나타내게 됩니다. **will**을 사용하지 않고 현재시제를 썼으니 **예정된 미래**가 되겠죠?

I work here.

I work here next week.

첫 번째 문장은 어제도 오늘도 내일도 '내가 일하는 곳은 여기' 즉 '나의 직장은 이곳이다'라는 뜻이 되고, 거기에 두 번째 문장처럼 '다음 주에'라는 말이 들어가면 예정된 미래가 되는 거죠. 자, 그렇다면 여기서 궁금증이 생깁니다!

현재시제가 아닌 will을 쓰면 틀린 문장인가요?

I will **work here** next week.

아뇨! 아닙니다. 당연히 가능합니다. 다만 현재시제로 말할 때와 어감이 달라지겠죠. **현재시제로 말하면 가능성 100%, will을 사용하면 100%보다는 낮은 가능성**을 가진 상황이 됩니다.

당연한 얘기지만 현재시제로 미래를 말할 때 가능성이 100%라고 해도, 가능성은 가능성일 뿐 미래는 누구도 예측할 수 없으니, 실제로 내가 다음 주에 일을 할지 안 할지는 그때 가 봐야 아는 게 맞긴 합니다. 다만 여기서는 지금 시점에 예상하는 가능성의 크기를 말하는 것이라고 이해하면 좋겠습니다.

자, 그리고 바로 이런 맥락에서 **시간과 조건의 부사절에서는 will을 쓸 수 없다**는 말이 생기게 되었다고 알면 되겠습니다. 이 이야기는 다음 장에서 자세히 다룰게요.

현재시제와 미래

아래 문장을 해석해 보세요.

1   He lives in Seoul.
    →

2   He teaches English.
    →

3   He keeps his promise.
    →

4   I usually get up at six and eat breakfast at seven.
    →

5   Nurses look after patients in hospitals.
    →

※ 정답과 해설은 p.359.

6   The sun rises in the east and sets in the west.
    →

7   Water consists of hydrogen and oxygen.
    →

아래 두 문장을 해석하고 어떤 차이가 있는지 생각해 보세요.

8   This plane leaves Seoul for New York at 7 tonight.
    →

9   This plane will leave Seoul for New York.
    →

현재시제로
미래를 대신하는 이유

If the rain _____ tomorrow, I will go out.

내일 비가 그치면 나는 밖에 나갈 거야.

(A) stops   (B) will stop

위 문제의 정답은 뭘까요? 이 말을 하는 상황을 생각해 보세요. 비는 아직 그치지 않았죠? 비는 내일 그친다고 했으니까 내일이면 미래, 미래면 **will**!

땡! 정답은 (A) stops입니다. 이유가 뭘까요? 앞서 계속 이야기했던 것과 같은 맥락인데요. 이 말을 하는 사람의 의도는 **if절에 나온 내용이 사실이 될 때, 주절에 있는 내용을 할 것**이라는 뜻입니다. 즉 내일 실제로 비가 그치면, 그때서야 밖에 나갈 생각이라는 것이죠. "나는 밖에 나갈 거야"라는 말은 '비가 그치는 일이 생긴다'는 것을 전제로 한다는 뜻입니다.

As soon as he _____ here, we will go for dinner.

그가 여기에 오자마자 우리는 저녁을 먹으러 갈 거야.

(A) comes   (B) will come

이것도 마찬가지입니다. 그는 아직 오지 않았으니 미래이지만 그가 여기에 와야만 우리가 저녁을 먹으러 갈 것이므로 여기서도 정답은 **will come**이 아니라 **comes**가 됩니다.

자, 여러분이 친구들 다섯 명이랑 저녁 7시에 만나기로 약속을 했어요. 그런데 시간이 다 되도록 한 명이 안 오는 거예요. 그래서 전화를 해 봤더니 거의 다왔다고, 금방 도착한다고 하는 거죠. 그럼 제가 이렇게 말할 수 있어요.

As soon as he comes **here**, we go **for dinner**.

이 친구가 오면 우리 저녁 먹으러 가자.

친구가 꼭 온다고 믿고 있죠? 이런 전제를 가지고 말하는 것이 바로 **시간과 조건의 부사절**입니다.

[시간을 나타내는 부사절]

when ~할 때	**before** ~하기 전에
after ~한 후에	**while** ~하는 동안에
until ~할 때까지	**as soon as** ~하자마자

[조건을 나타내는 부사절]

if ~한다면

unless ~하지 않으면

in case ~하는 경우에는 / ~하는 경우를 대비하여

이들 **종속접속사가 부사절로 사용될 때 현재시제로 미래를 나타낸다!** 꼭 기억하세요.

다음 장에서는 과거시제에 대해 알아볼게요. 과거시제는 현재완료와 함께 공부해야 이해가 쉽습니다. 그럼 계속 달려 볼게요!

시간과 조건의 부사절

아래 문장을 해석해 보세요.

1 Before you cross the street, you should look around.
→

2 He always washes his hands after he arrives home.
→

3 If the man goes there, he will find the building.
→

4 Unless he and I go together, I will not go there.
→

※ 정답과 해설은 p.359.

궁금증 9

have+p.p/be -ing는
왜 쓰는 건가요?

여러분, 영어를 공부하다 보면 꼭 만나게 되는 **have+p.p** 있죠? 도대체 이런 건 왜 생겨 가지고 우리를 힘들게 하는지 생각해 본 적 없나요?
이번 장에서는 **have+p.p**가 왜 생겼는지, 어떻게 해결하면 되는지 알아볼게요!

 have+p.p가 궁금하신가요?

용도가 많이 달라진
have+p.p(완료)에 대하여

앞서 이야기했듯이 영어의 과거시제에 대해 공부할 때는 반드시 현재완료와 함께 이해하는 게 좋습니다. 왜 그런지 지금부터 보여 드릴게요.

보통 과거시제인 **V-ed**의 형태는 '~했다'라고 해석을 합니다. 그리고 현재완료인 **have+p.p**의 형태는 '~해 왔다'라고 해석을 하죠. 바로 여기서부터 문제가 발생합니다.

He lived here. 그는 여기에 살았다. – 과거시제

He has lived here. 그는 여기에 살아왔다. – 현재완료

어떤가요? 위 문장에서는 '~해 왔다'라는 해석이 잘 어울립니다.

He worked in Seoul. 그는 서울에서 일했다. – 과거시제

He has worked in Seoul. 그는 서울에서 일해 왔다. – 현재완료

어때요? 이것도 괜찮죠? 그런데 지금부터는 조금 달라질 겁니다.

I lost my watch.　　나는 내 시계를 잃어버렸다.

I have lost my watch.　　나는 내 시계를 잃어버려······ 왔다??

위 문장에서는 '~해 왔다'라는 해석이 어울리지 않죠? 자, 다시 한번 확실히 말하자면, 우리말에 현재완료라는 개념은 없습니다. '~해 왔다'라는 해석이 늘 가능하지는 않다는 뜻입니다. 일단 위의 두 문장만 놓고 보면 우리말로는 똑같이 해석해야 바른 문장이 됩니다.

I lost my watch.　　나는 내 시계를 잃어버렸다.

I have lost my watch.　　나는 내 시계를 잃어버렸다.

다시 말해 **현재완료를 언제 쓰는지는 우리말의 해석법으로 구분할 수 없다**는 얘기입니다. 그렇다면 이 두 문장은 어떻게 구분해야 할까요? 현재완료를 언제 쓰는지는 이거 하나만 기억하면 됩니다.

Ved → **오직 과거만! (현재는 없음!)**

have+p.p → **과거+현재!**

I lost my watch는 과거에 시계를 잃어버렸다는 사실만 말할 뿐이고, 지금 상황은 전혀 언급하지 않은 겁니다. 하지만 **I have lost my watch**는 과거에 시계를 잃어버렸는데 그 상황이 지금도 이어져 현재에도 시계가 없는 상태라는 뜻이죠. 차이를 느낄 수 있나요?

자, 오랜만에 친한 친구를 만났다고 상상해 볼게요. 그런데 이 친구가 평소 늘 차고 다니던 시계를 안 차고 나온 거예요. "너 맨날 차고 다니던 시계 왜 안 차고 왔어?" "아, 나 그 시계 잃어버렸어."

이때 '나 그 시계 잃어버렸어'는 **I lost my watch**일까요, 아니면 **I have**

lost my watch일까요? 그렇습니다. 정답은 **I have
lost my watch**입니다. 저 맥락에서는 당연히 지금도
시계가 없다는 뜻일 테니까요.

이렇게 우리말은 같은 말이라도 문맥을 통해 과거
와 현재완료를 구분합니다. 동사의 형태로는 구분하지
않죠. 그러니 우리가 현재완료를 어려워할 수밖에요.

He _____ here.

(A) worked   (B) has worked

뭐가 정답일까요? 네, 당연히 둘 다 됩니다. 아무런 단서가 없거든요.

He _____ here in 2000.

(A) worked   (B) has worked

이렇게 되면 뭐가 정답일까요? 맞아요. (A)가 정답입니다. '2000년도에'라는
과거 시점을 줬으니까요. 즉 2000년도에 한정하여 이야기를 하고 있으니 과거
시제로 표현하는 게 맞습니다. 이렇듯 시점을 나타내 주는 부사어는 매우 중요
한 포인트가 되죠. 그렇다면 아래 문장은 어떨까요?

He has worked here since 2000.

그는 2000년 이래로 (지금까지) 여기서 일해 왔어.

자, 여기서는 **has worked**라는 현재완료 형태를 썼습니다. 이유는 바로
since 때문입니다. **since**는 '~이래로 (지금까지)'라는 뜻을 가지고 있는, 현재
완료와 매우 잘 어울리는 **'기간'을 나타내는 접속사**입니다.

그런데 말이에요. 대체 이 현재완료라는 건 어디서 나온 건지 궁금하지 않나요? 사실 현재완료의 비밀은 그 모양에 이미 다 나와 있습니다. **have+p.p**에서 보통 **have**는 따로 해석하지 않는다고 하지만, 저 **have**는 우리가 알고 있는, '**가지고 있다**'라는 뜻의 그 have가 맞습니다.

He **has lost** my watch.

'과거에 시계를 잃어버렸던 그 상황(**lost my watch**)을 지금 현재도 가지고 있다(**have**)'라는 뜻이에요. 아리송한가요? 이게 사실은 역사에 답이 있어요. 영어가 지금의 형태를 갖추기까지는 상당히 오랜 시간이 걸렸는데, 옛날에 현재완료는 **p.p** 형태가 문장의 맨 뒤에 놓였답니다.

He / has / my watch lost.

그는 / (지금 현재) 가지고 있다 / 잃어버리게 된 나의 시계(가 있는 상태)를

'과거에 있었던 사실을 지금도 가지고 있는 상태'이다 보니, 과거와 현재가 모두 들어간 의미가 되었던 거예요. 느낌이 오나요? 하나 더 볼게요.

He has a doll made.   그는 (과거에 만들어진) 인형을 (지금 현재) 가지고 있다.

이런 형태였던 것이 시간이 지나면서 **p.p** 형태가 뒤에서 앞으로 이동해 **have+p.p**의 모습을 갖추게 되면서 현대 영어에서 현재완료라는 이름을 얻게 된 겁니다. 다음 장에서는 **have+p.p**의 구체적인 사용법에 대해 알아볼게요.

have+p.p(완료)
활용법의 모든 것!

have+p.p(완료) 활용법이 궁금하신가요?

상황 1-1

저는 지금 현재 영어를 가르치고 있습니다. 10년 전에 시작했습니다.
그래서 10년 동안 영어를 가르치고 있습니다.

이 상황을 영어로는 어떻게 표현할까요? **과거에 있었던 일이 지금도 영향을**
끼치고 있으므로 have+p.p의 형태를 쓰면 정확합니다.

I have taught English for 10 years.

나는 (과거) 10년 동안 (지금도) 영어를 가르치고 있다.

상황 1-2

저는 (과거에) 고등학교를 졸업했어요.
그리고 고등학교를 다니던 3년 동안은 수학을 공부했습니다. (지금은 안 함)

이 상황은 어떤가요? **지금은 수학을 공부하지 않고, 고등학교를 다녔던 것도 과거의 일이죠?** 과거시제인 **studied**를 써야 맞습니다.

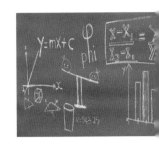

I studied mathematics for 3 years.

나는 3년 동안 수학을 공부했다.

상황 2-1

어제 선생님께서 숙제를 내주셨어요. 그래서 어제부터 숙제를 하기 시작했어요. 그리고 지금 막 숙제를 끝냈어요.

내가 숙제를 받은 게 어제 있었던 일이고, 어제부터 지금까지 숙제를 하다가 지금 막 끝냈으니까, **과거와 현재가 함께** 들어 있네요? **have+p.p**가 맞습니다.

I have just finished my homework.

나는 내 숙제를 (지금 막) 끝냈다.

상황 2-2

기차가 플랫폼에 들어오기 직전 방송이 나옵니다.
그리고 전광판에 **기차가 도착했다고** 영어로 표시되죠.

기차가 (과거에) 전 역에서 출발해 이번 역에 도착을 한 거죠? **과거부터 진행된 상황이 지금 와서 완료가 되었기** 때문에 이 경우에도 **have+p.p**를 씁니다.

The train has just arrived.

기차가 (지금 막) 도착했다.

친구와 놀이동산에 대해서 이야기를 하다가 "너 놀이동산에서 티 익스프레스 타 본 적 있어?"라고 물었습니다. 그러자 친구가 대답합니다.

"아니. 나 T express 타 본 적 없어."

자, 이번 상황도 머릿속에 그림을 그려 볼게요. 나는 지금 친구와 대화를 하면서 친구에게 **과거부터 현재 시점까지 놀이기구를 타 본 적이 있는지** 묻고 있는 거잖아요? 그러니까 여기서도 **have+p. p**가 잘 어울립니다.

I have never ridden T express.

나는 T express를 타 본 적이 없다.

너무나도 사랑했던 여자 친구가 있었어요. 그런데 그 여자 친구가 저를 떠나 버렸어요. (지금) 그녀는 가 버렸습니다. (더 이상 제 옆에 없습니다.)

흠, 너무 슬픈 상황이네요. 자, 그녀는 가 버렸고(과거), 이제는 내 곁에 없습니다(현재). 그렇다면 역시 **have+p. p**겠죠?

She has gone.

그녀가 가 버렸다(지금은 없다).

여기까지 이해했다면 이제 완료에 대해서는 다 배운 겁니다! 앞의 4가지 상황이 바로 우리가 흔히 말하는 **have+p. p의 4가지 용법**이거든요.

상황 1 → 경험용법 　　 상황 2 → 계속용법

상황 3 → 완료용법 　　 상황 4 → 결과용법

각 상황에 따라 우리말 해석은 달라질 수 있지만 핵심은 '**과거에 있었던 일이 지금에 영향을 미치고 있는 상황을 나타낼 때 have+p. p를 쓴다**'입니다.

자, 앞의 상황에 따른 예문들을 한번 더 숙지하고 이제 굳히기, 연습 문제로 넘어가 볼게요!

현재완료의 다양한 쓰임

아래 문장을 해석해 보세요.

1 He has been ill since last Sunday.
    →

2 I have lived here since I was born.
    →

3 There has been a lot of serious talk about a merger lately.
    →

4 I have lived in Seoul for about five years.
    →

5 She has worked in Seoul during the past five years.
    →

6 He has seen a liger before.
    →

7 She has lost her eyesight.
    →

8 He has just invented the machine.
    →

※ 정답과 해설은 p.359.

과거완료와 미래완료는
또 뭔가요?

과거완료/미래완료가 궁금하신가요?

이제 우리는 have+p.p 형태와 관련한 표현들을 확실하게 이해했습니다. 바로 이 have+p.p에서 have의 시제를 변화시켜 had+p.p 혹은 will have+ p.p의 형태로 사용할 수 있습니다. 이를 각각 **과거완료, 미래완료**라고 부르는데, 복잡하게 생각할 것 없이 있는 그대로 이해하면 됩니다.

먼저 과거완료의 경우 **과거보다 더 이전에 있던 상황이 과거에 영향을 미치는 상태**를 나타내고, 미래완료의 경우 **미래를 기준으로 그보다 더 이전에 있었던 상황을 미래까지 가지고 가는 상태**를 나타내게 됩니다. 말로 써 놓고 보니 좀 어렵게 느껴지죠? 문장으로 보면 어렵지 않습니다.

He has worked here for 3 years. – 현재완료

그는 3년 동안 여기에서 일하고 있다.

이 문장은 현재완료로 지금을 기준으로 과거 3년간 일을 하고 있는 상태를 표현하고 있습니다.

When I visited him last year,

he had worked here for 3 years. - 과거완료

지난해에 내가 그를 방문했을 때, 그는 여기서 3년 동안 일하고 있었다.

　

자, 그렇다면 이 문장에서는 왜 **had worked**를 썼을까요? 바로 **when**이라는 부사절에서 '과거'라는 기준 시점을 잡았기 때문입니다. **내가 그를 방문한 건 작년이지만 그가 여기서 일을 한 건 작년을 기준으로 그보다 더 전부터**라는 뜻이겠죠? 이렇게 '과거 기준'을 잡아 놓고 이보다 더 이전에 있었던 일을 언급할 때 **had+p.p**(과거완료) 형태를 사용하게 됩니다.

　

When I visit him next year,

he will have worked here for 3 years. - 미래완료

내년에 그를 방문하게 되면, 그는 3년 동안 여기에서 일을 하고 있을 것이다.

(그가 여기서 일한 지 3년이 될 것이다).

　

여기서는 왜 **will have+p.p**를 썼을까요? 같은 원리예요. **when**이라는 부사절에서 '미래'라는 기준 시점을 잡았기 때문입니다. 내가 그를 방문하는 건 내년이니까 지금을 기준으로 하면 그는 2년째 일을 하고 있는 거죠. 그런데 내년이 되면 3년이 되겠죠? 이와 같이 **2년 전부터 있었던 일이 미래에까지 쭉 이어지는 이 상황**, 이런 상황을 설명하는 것이 바로 **will have+p.p**입니다.

여기서 주의할 점! **과거완료나 미래완료를 쓰기 위해서는 맥락이 중요합니다.** 과거완료를 예로 들어보면 과거라는 기준이 반드시 존재해야 그보다 더 전의 상황을 언급할 수 있겠죠? 1년 전, 10년 전, 100년 전, 이런 식으로 정확하게 기준을 제시해 주어야만 그보다 더 이전 시점을 언급하는 것이 가능해집니다. 예를 들면 1년 전 이야기를 하다가 그보다 더 전인 10년 전의 이야기를 하고 싶을 때 **had+p.p** 형태를 활용하면 되는 겁니다. 이제 연습 문제로 넘어가 볼게요!

과거완료와 미래완료

아래 문장을 완성하고 해석해 보세요.

1   I (have live / had lived) here for 10 years, when I met her.
   →

2   We (have sold / will have sold) a million computers by next June.
   →

3   I (have seen / will have seen) 「Avengers: Endgame」 three times if
   I see it once more.
   →

4   He (has just finished / had just finished) his breakfast when she
   pressed the doorbell.
   →

※ 정답과 해설은 p.360.

여러분, 앞서 이야기했던 **to** 부정사와 **-ing** 형태의 준동사 만드는 과정 기억하시죠?

He makes it. 그는 그것을 만든다. (현재동사)

She made it. 그녀는 그것을 만들었다. (과거동사)

They will make it. 그들은 그것을 만들 것이다. (미래)

← 여기에 to 나 -ing를 붙이면

↓

to make it – 준동사(to R)

making it – 준동사(R-ing)

그럼 여기서 질문! **준동사의 시제**는 무엇일까요? 현재? 과거? 미래? 정답은 '모른다'입니다. 준동사 자체에는 시제가 표현되어 있지 않아요. 그럼 어떻게 한다? 바로 문장 안에서 파악하는 겁니다.

I like playing the guitar.

주절의 동사 **like**가 현재시제죠? 그러면 **playing the guitar**의 시점도 현재가 돼요. 즉 준동사의 시제는 주절의 시제를 쫓아갑니다.

I liked playing the guitar.

이렇게 되면? 네, 맞아요. **playing the guitar**도 과거시제가 되는 거예요!

준동사의 시제 = 주절의 시제

Tom is proud of working in Samsung.
Tom은 삼성에서 일하는 것에 대해 자부심이 있다.

여기서 **working in Samsung**의 시제는 앞의 동사를 따라 현재시제가 됩니다. 그런데 이런 경우가 있을 수도 있겠죠? **Tom**은 과거에 삼성에서 일을 했었고, 현재는 다른 곳으로 이직해서 일을 하고 있는 상황인 거예요. 이직하고 나서 '**과거**'에 삼성에서 일했던 것에 '**지금**' 자부심이 있다고 말하는 상황 말이죠. 즉 자부심이 있는 것은 현재인데 삼성에서 일했던 것은 과거인 거예요.

Tom is proud of having worked in Samsung.

바로 이 형태입니다. -ing를 having+p.p의 형태로 쓰게 되면 주절의 시제보다 더 이전 시점을 나타내게 됩니다. 즉 **주절의 동사가 현재시제인데 having+p.p를 쓰면 과거, 주절의 동사가 과거시제인데 having+p.p를 쓰면 과거완료**가 되는 거죠. 여기서 주의해야 할 부분은 절대로 **having+p.p**가 현재완료가 아니라는 점입니다. 단순히 주절의 동사보다 더 이전에 있었던 일임을 표시해 주는 기법일 뿐이니 오해하면 안 됩니다!

이 역시 앞서 이야기했던 완료의 유래를 이해했다면 같은 원리임을 알 수 있을 거예요. **having+p.p**에서 **having** 자체의 시제는 주절의 시제를 쫓아가고, **p.p**는 그보다 전에 있었던 일이니까 무조건 더 이전 시점을 가지게 되는 상황인 거죠. **to 부정사**도 마찬가지로 **to have+p.p**의 형태가 있답니다. 연습 문제로 바로 확인해 볼게요!

having+p.p / to have+p.p 연습

빈칸에 들어갈 알맞은 표현을 골라 보세요.

1 John, scolded by his teacher, finally admits _____ the book yesterday.

   (A) stealing   (B) having stolen

2 He is thought _____ her in 2000.

   (A) to meet   (B) to have met

3 She is believed _____ to the United States next year.

   (A) to go   (B) to have gone

4 Shakespeare is considered _____ many dramas in the Middle Ages.

   (A) to write   (B) to have written

※ 정답과 해설은 p.360.

9-4

진행형(be -ing)은
언제 사용할까요?

진행형(be -ing)이 궁금하신가요?

I live in Seoul.

I am living in Seoul.

이 두 문장의 차이는 무엇일까요? 둘 다 현재시제를 쓰고 있지만 말하고자 하는 뜻은 분명 다릅니다. 앞서 **현재시제는 어제도 오늘도 내일도 그러한, 일반적 사실**을 말한다고 배웠어요. 그래서 누군가 "어디 살아요?"라고 물었을 때 우리는 '서울에 산다(**I live in Seoul**)'고 말할 수 있고, 이는 곧 어제도 오늘도 내일도 서울에 산다, 즉 집이 서울이라는 뜻이 됩니다. 일반적 사실로 현재시제를 쓰고 있는 거죠.

그런데 만약 이 사람의 원래 집은 부산인데 잠시 서울에 와 있는 상황이라면? 바로 이때 우리는 '**I am living in Seoul.**' 이렇게 현재진행형을 쓸 수 있습니다. 일반적으로 '~하는 중이다'로 해석하죠.

이렇듯 **현재진행은 지금 이 동작을 하고 있긴 한데 언젠가 이 동작은 끝난다는 전제를 가진, 일시적 상황을 표현할 때 사용**합니다.

I eat dinner. 나는 저녁을 먹는다.

(어제도 오늘도 내일도 저녁을 먹는다. 즉 저녁을 거르지 않고 늘 먹는 사람이라는 뜻)

I am eating dinner now. 나는 지금 저녁을 먹는 중이다.

(지금 벌어지고 있는 일시적 상황. 곧 끝나는 것을 전제)

위 두 문장의 차이를 이해할 수 있겠죠?

자, 지금 여러분은 이 책을 열심히 읽고 있어요. 하지만 하루 종일 읽지는 않겠죠? 어떻게 표현할까요?

I am reading this book now. 나는 지금 이 책을 읽고 있는 중이다.

(현재 읽고 있는 중이지만 언젠가는 끝남을 전제)

만약 'I read a book.' 이렇게 쓴다면 '어제도 오늘도 내일도 책을 읽는' 즉 책을 늘 읽는 사람이라는 뜻이 됩니다. 어렵지 않죠?

자, 그럼 이제 과거진행과 미래진행에 대해서도 알아볼게요.

I am living. – 현재진행
I was living. – 과거진행
I will be living. – 미래진행

When the phone rang, I was eating dinner.

전화가 울렸을 때 나는 저녁을 먹고 있는 중이었다.

위 문장에서는 전화가 걸려 왔던 순간을 기준으로 그보다 조금 전에 저녁을 먹고 있었고, 곧 식사가 끝날 상황이기 때문에 과거진행형을 쓰고 있습니다.

When my friend visits my home at 6:30, I will be eating dinner.

친구가 6시 반에 나의 집을 방문할 때 나는 저녁을 먹고 있을 것이다.

위 문장에서 미래진행형을 쓴 이유는 나는 6~7시에 늘 저녁을 먹는 사람인데, 친구가 6시 반에 내 집을 방문한다고 하니 친구가 올 때쯤이면 나는 저녁을 먹고 있는 중(일시적 상황)일 것이기 때문이겠죠? 진행형, 전혀 어렵지 않아요! 그럼 연습 문제로 넘어가 볼게요.

진행 연습

아래 문장을 해석해 보세요.

1 My brothers live in Seoul.
→

2 I am living with my sisters until I find a place of my own.
→

3 I walked home after the party last night.
→

4 I was walking home when I met John.
→

5 We will have dinner.
→

6 Don't phone between 8 and 9. We'll be having dinner.
→

※ 정답과 해설은 p.360.

영어의 모든 동사들이 **be -ing**의 형태를 쓸 수 있는 건 아닙니다. 왜냐하면 진행이라는 것은 '기준 시점에서 조금 전에 시작된 어떤 동작이 곧 있으면 끝나게 되는 일시적인 상황'을 나타내는 것이기 때문에 **움직임이 있는 동사가 시작과 끝을 표현할 수 있는 경우**에만 **be -ing** 형태가 가능합니다.

walk, work, move, run → 동작동사

위와 같은 동사들을 **동작동사**라 부르고 이 동사들은 진행형이 가능합니다. 반면 움직임이 없는 상태의 동사들은 진행형이 불가능한데, 이런 동사를 **상태동사**라고 부릅니다.

resemble, have, know, see → 상태동사

I am working. (○) 나는 일하고 있는 중이다.
I am resembling my mother. (×) 나는 엄마를 닮아 있는 중이다??

해석만 해 봐도 감이 오죠? **work**는 일을 하는 동작이기 때문에 조금 전에 일을 시작해서 곧 있으면 일이 끝나는 것이 가능하지만 **resemble**은 '~와 닮아 있다'는 뜻이기 때문에 진행형을 쓰면 '조금 전에 닮기 시작해서 곧 있으면 닮아 있는 동작이 끝난다??' 불가능한 일이죠.

자, 이렇게 조금 전에 시작된 어떤 동작이 곧 있으면 끝이 날 수 있어야, 즉

내 마음대로 좌지우지될 수 있어야 진행형이 가능하기 때문에 **동작이 중단 가능한지 아닌지**를 보면 진행형을 쓸 수 있는지 여부를 쉽게 파악할 수 있습니다.

저는 이런 방법을 씁니다. **어떤 문장을 써 놓고 '멈춰!'를 외치는 거예요. 그게 즉각적으로 가능하다면 진행형 가능!**

I am running. 나는 달리고 있는 중이다.

'멈춰!'

어때요? 멈출 수 있죠? 달리다가 딱 서면 되잖아요. 그럼 진행형 가능!

I am making a doll. 나는 인형을 만들고 있는 중이다.

'멈춰!'

역시 가능하죠? 진행형 가능!

I am studying English. 나는 영어를 공부하고 있는 중이다.

'멈춰!'

역시 가능! 진행형 가능! 아하, **run, make, study**는 동작동사로 볼 수 있고 진행형이 가능하군요!

I resemble my mother. 나는 엄마를 닮았어요.

'멈춰!'

앞 문장은 어떤가요? 엄마를 닮는 거 멈출 수 있나요? 진행형 불가!

I have my parents. 나는 부모님이 있어요.
I know Korean. 나는 한국어를 알아요.

'멈춰!'

위 두 문장 모두 마찬가지입니다. '멈춰!'라고 외친다고 부모님이 없는 상태가 되거나 한국어를 알고 있는 상태가 갑자기 변하지는 않죠. 진행형 불가! 어때요? 쉽고 재미있죠?

나의 의지 → 진행 가능!

I am looking at the door. (○)
I am seeing the mountain. (×)

언뜻 보면 같은 뜻인 것 같은 **look**과 **see**는 사실 차이점이 있습니다. **look**은 '보다'라는 뜻이죠? **'내 의지로 무언가를 바라보는 동작'**을 나타내는 동사입니다. 그래서 '나는 문을 보고 있는 중이다'라는 표현이 가능합니다. '멈춰!'라고 외쳐 보세요. 문을 보다가 다른 데를 보면 가능하죠? 그런데 **see**는 보통 진행형으로 사용하지 않아요. (경우에 따라 진행형을 쓰기도 합니다. 뒤에서 설명할게요.) 왜냐하면 **see**는 look과는 달리 **'무언가가 보이는 상태'**를 묘사하는 동사로, '보이다'로 해석되기 때문이에요

I see the mountain. 나는 산이 보인다.

내가 눈을 뜨고 있는 상태로 앞을 보니 산이 눈에 들어온다면, 이런 상황을 '보이다'라고 표현할 수 있는 거죠. 이런 경우는 내 의지와는 상관없이 내가 바라보는 방향에 산이 있는 상태를 묘사하는 것이기 때문에 **look**과는 달리 **나의 의지**가 들어 있지 않습니다. 따라서 진행형이 불가능하죠.

look 보다(주어의 의지 ○) / **see** 보이다(주어의 의지 ×)

I am listening to the music. (○)
I am hearing the music. (×)

listen 듣다(주어의 의지 ○) / **hear** 들리다(주어의 의지 ×)

자, 그런데 이런 규칙과는 달리 **진행 불가 동사가 진행이 가능해지는 경우**가 있어요. 이런 게 참 어렵죠? 상황과 맥락에 따라 동사의 의미가 변하기 때문이라고 생각하면 되는데요, 예를 들어 **have**는 진행이 안 되는 동사라고 했죠?

I am having **dinner** now.

그런데 앞 문장의 경우는 진행형이 가능합니다. 왜냐하면 여기서는 **have**가 '가지고 있다'는 상태를 의미하는 게 아니라 '먹다'라는 뜻으로 사용되었거든요. **동사의 의미가 상태의 뜻을 갖지 않으면 진행형이 가능해진다**는 겁니다.

I am seeing him off.

see의 경우에도 **off**랑 같이 쓰면 '목적어가 **off**(떨어져 나가고 있는)하는 것이 보인다' 즉 '목적어를 배웅하다'라는 뜻으로 사용되면서 진행형이 가능해집니다.

The hotel is standing on the hill. (×)
He is standing on the hill. (○)

위의 첫 번째 문장은 어떤가요? 호텔이 언덕 위에 서 있다가 곧 다른 곳으로 옮겨 간다? 불가능하겠죠? 하지만 두 번째 문장에서처럼 사람이 언덕에 잠시 서 있다가 다른 곳으로 이동하는 것은 가능합니다. 이렇게 의미와 맥락에 따라 같은 동사라도 진행형이 가능/불가능하다는 것 꼭 기억해 두세요!

12시제, 이걸 꼭
다 알아야 하나요?

12시제가 궁금하신가요?

여러분은 혹시 **12시제**라는 말 들어 본 적 있나요?

make 만들다

우리는 **make**라는 동사가 '만들다'라는 뜻인 걸 알고 있어요. 하지만 이게 다가 아니죠?

1. 기본형

`1-1` 현재시제 : **He makes it.** 그는 그것을 만든다.

  – 수 일치를 이용하여 현재를 표현

`1-2` 과거시제 : **He made it.** 그는 그것을 만들었다.

  – 동사의 3단 변화의 2번째 형태로 과거를 표현

`1-3` 미래시제 : **He will make it.** 그는 그것을 만들 것이다.

  – 일반적으로 동사원형 앞에 will을 붙여서 미래를 표현

2. 완료형(have+p.p) : have에 시제 표현 / p.p에는 의미를 표현

2-1 현재완료 : He has made it. 그는 그것을 만들어 오고 있다.

 – 과거+현재

2-2 과거완료 : He had made it. 그는 그것을 만들었다.

 – 과거보다 더 이전+과거

2-3 미래완료 : He will have made it. 그는 그것을 만들고 있는 상태일 것이다.

 – 이전 시점+미래

3. 진행형(be -ing) : be에 시제 표현 / -ing에는 의미를 표현

3-1 현재진행 : He is making it. 그는 그것을 만들고 있는 중이다.

3-2 과거진행 : He was making it. 그는 그것을 만들고 있는 중이었다.

3-3 미래진행 : He will be making it. 그는 그것을 만들고 있는 중일 것이다.

4. 완료진행형(have been -ing) : have에 시제 표현 / -ing는 의미를 표현

4-1 현재완료진행 : He has been making it. 그는 그것을 만들고 있다.

4-2 과거완료진행 : He had been making it. 그는 그것을 만들고 있었다.

4-3 미래완료진행 : He will have been making it. 그는 그것을 만들고 있을 것이다.

> 완료는 보통 '~해 오다', 진행은 '~중이다'로 해석하지만 절대적인 해석법은 아닙니다! 앞에서도 말했듯이 여러분의 이해를 돕기 위해 직관적으로 해석을 해 두는 것이니 참고해 주세요. 😊

자, 한눈에 정리가 되죠? 이래서 12시제라는 말이 나오게 된 겁니다. 원래 **영어의 시제는 현재와 과거 두 개**인데, 여기에 미래를 나타내기 위해 **will**을 빌려 오고, 또 동사에 완료형, 진행형을 씌우면서 경우의 수가 12가지가 되어 버려 12시제라는 말이 나온 거죠. 결국 우리가 아는 동사는 실제 문장에서 위의 12가지 형태 중 하나로 나타나기 때문에 경우의 수들을 다 숙지하는 것이 중요합니다.

게다가 이 12가지 시제는 모두 부정문, 의문문으로도 바꿀 수 있어요. 경우의 수는 더 늘어나겠죠?

He makes it. – 평서문

He does not make it. – 부정문

Does he make it? – 의문문

거기다 조동사는 **will**외에도 **can, shall, may, must, would, could, should, might** 등이 있기 때문에 경우의 수는 더 늘어납니다! 그런데 여기에서 끝이 아닙니다. 위의 문장들 모두 능동의 형태인데 그렇다면 당연히 수동태로 바꾸는 것도 가능하겠죠?

He makes it. – 능동

→ It is made by him. – 수동

하나 다행인 점은 완료진행형은 수동태로 쓰지 않는다는 것! 자, 머리가 조금 아파 오나요? 그래도 영어를 공부하다 보면 모두 접하게 될 형태들이니 눈에 익혀 두면 좋을 거예요!

다양한 동사의 형태 연습(부정문/의문문)

아래 문장을 부정문/의문문으로 바꿔 보세요.

1 He makes a doll.
   → _____ (부정문)
   → _____ (의문문)

2 He has made a doll.
   → _____ (부정문)
   → _____ (의문문)

3 He can make a doll.
   → _____ (부정문)
   → _____ (의문문)

4 He is kind.
   → _____ (부정문)
   → _____ (의문문)

※ 정답과 해설은 p.361.

조동사는
언제 쓰나요?

**will, can, shall, may, must,
would, could, should, might**

여러분은 조동사에 대해 들어 본 적 있나요?
우리가 흔히 아는 동사 앞에 조동사를 붙여 주면 문장의 의미가 조금씩 바뀝니다. 그럼 조동사는 왜 쓰는지, 조동사를 쓰면 문장이 어떻게 바뀌는지 지금부터 알아볼게요!

He might work.
→ 그는 일했을지도 모른다?

He works. 그는 일한다. – 현재시제

He worked. 그는 일했다. – 과거시제

↓

He will work. 그는 일할 것이다.

He can work. 그는 일할 수 있다.

He may work. 그는 일할지도 모른다.

He must work. 그는 일해야만 한다.

이렇게 동사 앞에 조동사를 붙여 주면 의미가 조금씩 변하면서 **100% 사실이었던 것이 가능성이 있는 일로**(일할 것이다, 일할 수 있다, 일할지도 모른다, 일해야 한다) 바뀌게 됩니다.

자, 그렇다면 아래 두 문장의 차이는 무엇일까요?

He may work.

He might work.

첫 번째 문장을 '그는 일할지도 모른다'라고 해석했다면 완벽합니다! 두 번째 문장은 어떻게 해석했나요? 음, might는 may의 과거형이니까 '그는 일했을지도 모른다??' 네! 땡입니다. 황당할 수도 있지만 앞 두 문장 모두 "그는 일할지도 모른다"로 해석됩니다.

사실 **조동사의 과거형을 실제로 과거로 쓰는 경우**는 거의 없습니다. 이게 무슨 소리냐고요?

Can you help me?

Could you help me?

자, 위 두 문장은 어떻게 해석할까요? 두 번 속지 않는다고요? 네, 맞아요! 둘 다 "당신은 나를 도울 수 있나요?"로 해석합니다. 시제의 차이가 나지 않아요! 그럼 여기서 물음표가 떠오르죠.

그럼 대체 may와 might는 무슨 차이?

'그는 일을 했을지도 모른다'는 어떻게 표현하지?

먼저 **may**와 **might**의 차이에 대해 알아볼게요. 이건 조동사의 현재형과 과거형의 실제 쓰임에 해답이 있습니다.

Can you help me?   vs   Could you help me?

두 문장 모두 '당신은 나를 도울 수 있나요?'로 해석되지만 후자가 전자보다 **공손한 느낌**을 나타낸다는 것이 바로 큰 차이점입니다.

조동사의 과거형 ➡ 공손한 표현

이렇게 되는 이유는 조동사를 현재형으로 쓰면 가능성이 높아지고, 과거형으로 쓰면 가능성이 현저히 낮아지기 때문입니다. 쉽게 말해 **can**을 쓰면 '해 줄 수 있어?'라는 강한 어조가 되고, **could**를 쓰면 '해 줄 수 있을까요?'라는 공손한 어조가 되는 겁니다. 그 이유에 대해서는 뒤에서 자세히 설명할게요. 지금은 가능성의 차이로 알고 있으면 충분합니다!

He will do it. – 가능성 높음
He would do it. – 가능성 낮음

위 두 문장 역시 '그는 그것을 할 거야'라고 똑같이 해석이 되지만, **will**을 쓰면 강한 가능성, **would**를 쓰면 약한 가능성을 나타냅니다. 여러분이 잘 알고 있는 **would like to R**(~하기를 원한다)이라는 표현 있죠? 이것 역시 **like**라는 동사에 **would**라는 조동사를 붙여서 조심스러운 뉘앙스를 만들어 주는 경우입니다.

I like to do it.　나는 그렇게 하는 걸 좋아해.
I would like to do it.　나는 그렇게 하는 게 좋을 것 같아.

'would like = want' 이렇게 외웠던 것 기억하죠? 다시 한번 강조할게요.

조동사의 현재형 – 가능성 높음 ↑
조동사의 과거형 – 가능성 낮음 ↓

자, 그럼 두 번째 궁금증으로 갑니다!

He might work가 '그는 일할지도 모른다'로 해석된다면, '그는 일을 했을지도 모른다' 즉 과거를 나타내는 표현은 어떻게 쓰면 될까요?

He may have worked.　그는 일을 했을지도 모른다.

He might have worked.　그는 일을 했을지도 모른다.

이렇게 조동사 may(might) have+p.p 형태를 쓰면 '~했을지도 모른다'로 해석이 되고 과거를 표현할 수 있습니다. 여기서 중요한 건 **조동사+have+p.p 에서 have+p.p는 현재완료가 아니라는 점**입니다! 조동사 뒤에 오는 동사는 무조건 동사원형을 씁니다. 예를 들어 볼게요.

He works.

↓

조동사를 붙이면

↓

He will work. / He would work.

He worked.

↓

조동사를 붙이면

↓

He will work. / He would work.

어떤 동사든 조동사 뒤에는 무조건 동사의 원형! 이것만 알면 되는 거죠.

He has worked.

He had worked.

↓

He will have worked.

He would have worked.

따라서 현재완료와는 아무 상관이 없고, 조동사에 **have**(가지고 있다)라는 동사원형이 붙고 그 뒤에 **p.p**가 따라온 것이죠. 'p.p인 상태를 갖고 있다'는 말에 조동사가 붙어서 여러 가지 의미를 나타내고, 이것이 과거를 표현한다고 생각하면 되겠습니다. 다양한 예문들을 만나 볼게요.

1. **would have+p.p** : ~했을 것이다

They would **never** have met **if she hadn't gone to Emma's party**.

만약에 그녀가 엠마의 파티에 안 갔다면 그들은 결코 만나지 않았을 것이다.

2. **cannot have+p.p** : ~했을 리가 없다

He cannot have done **such a thing**.

그가 그런 짓을 했을 리가 없다.

3. **could have+p.p** : ~했을 수도 있다(그런데 안 했음)

You could have told **me**!

너는 나에게 말해 줄 수 있었다! (왜 말해 주지 않았니!)

4. **may(might) have+p.p** : ~했을지도 모른다

I was afraid he might have lost **his way home**.

그가 집에 오는 길을 잃어버렸을까 봐 걱정했다.

5. **should have+p.p** : ~했어야 했다(그런데 안 했음)

The bus should have arrived **ten minutes ago**.

버스가 10분 전에 도착했어야 하는데 (아직 안 왔다).

6. must have+p.p : ~였음에 틀림없다

I thought you must have lost your way.

나는 당신이 틀림없이 길을 잃었을 것이라고 생각했다.

자, 여기서 딱 하나의 예외가 있어요. 조동사 중 will/shall 이 두 개의 경우 뒤에 have+p.p가 붙으면 **미래완료**가 됩니다. **will과 shall은 기본적으로 바라보는 방향이 미래**여서 다른 조동사와는 달리 미래완료가 되어 버리니 유의해 주세요!

He will have worked here by next year.

그는 내년까지 여기서 일하고 있을 것이다.

이제 각 조동사의 기본 해석법과 예문들을 좀 더 살펴보고 다음 장으로 넘어갈게요. 다음 장에서는 조동사를 과거형으로 쓸 때 앞서 이야기했던 굉장히 독특한 특징과 관련하여 주의할 사항들을 다뤄 볼게요.

will ~일 것이다

can ~할 수 있다(능력), ~일 수 있다(추측)

shall ~일 것이다

may ~일 것 같다, ~일지도 모른다(추측)

must ~해야 한다(의무), ~임에 틀림없다(추측)

1   I will buy this car for you if you want.

→ 만약 당신이 원한다면 나는 이 자동차를 당신을 위해 살 것이다.

2 **You** can do **anything if you try.**

→ 당신이 노력하면 당신은 무엇이든 할 수 있다.

3 **She** can speak **Spanish.**

→ 그녀는 스페인어를 말할 수 있다.

4 **He** may be **ill now.**

→ 그는 지금 아플지도 모른다.

5 **Gather roses while you** may.

→ 당신이 할 수 있을 때 장미를 모아라.

6 **This time next week I** shall be **in Scotland.**

→ 나는 다음 주 이 시간에 스코틀랜드에 있을 것이다.

7 **I** must go **to the bank and** get **some money.**

→ 나는 은행에 가서 약간의 돈을 얻어야만 한다.

8 **You** must be **hungry after all that walking.**

→ 당신은 모든 그 걷기 이후(걷는 동작을 다 끝내고 난 후) 배가 고픈 게 틀림없다.

shall의 과거형 should는 왜 '~해야 했다'로 해석되지 않나요?

조동사의 과거형이 궁금하신가요?

will, can, shall, may, must → 현재형
would, could, should, might → 과거형

앞서 조동사를 과거형으로 쓰면 가능성이 현저히 낮아져 **일어나지 않을 일을 나타내거나 공손한 표현법**이 된다고 이야기했습니다. 하지만 원래 과거형은 **과거에서 바라본 그 당시의 가능성**을 표현하는 것이기에 당연히 과거로도 사용이 가능합니다!

He said he would be here at eight o'clock.

그가 8시에 여기 올 거라고 했어.

위와 같이 쓸 때는 **would**를 과거형으로 써야 합니다. 이 경우 그가 과거에 말했던 내용에 대해서 이야기하고 있기 때문에 그 당시를 기준으로 **과거에서 바라 본 미래**가 되어 **would**는 말 그대로 과거를 나타내는 표현이 됩니다.

그런데 이런 상황 설명 없이 그냥 말을 할 때는 **현재를 기준으로 과거를 이야기**하다 보니 **시제의 차이가 아닌 어감의 차이**가 나게 되는 거예요.

Can you help me? 너 나를 도울 수 있니?

Could you help me? 너 나를 도울 수 있겠니?

어떤가요? 좀 더 공손해지는 느낌이 들죠? 즉 말을 할 때에 현재시제로 말하는 것보다 과거시제를 사용하면 어감이 좀 더 약해지는 특징이 있습니다. 이런 이유로 조동사의 과거형이 현재를 기준으로 말하는 경우 **'가능성이 낮아지거나, 사실이 아니거나, 공손한'** 표현이 될 수 있는 겁니다. 이걸 이해하게 되면 should가 왜 '~해야 한다'라고 해석되는지도 쉽게 이해할 수 있어요.

You should study hard.

위 문장에서 만약 should가 아닌 현재형 shall을 쓰면 어떻게 될까요?

shall은 현재 잘 쓰지 않는 표현이 되어 가고 있는데, 그도 그럴 것이 이 shall이라는 표현은 굉장히 세요. 그러니까 이 shall은 우리말로 옮길 때 '~일 것이다' 즉, will처럼 해석을 하긴 하지만 **will과는 달리 '나의 의지'를 가득 담아서 상대가 뭘 하게 만들어 버리겠다는 뉘앙스**를 준답니다.

You shall go home.

너는 집에 갈 거야. (내가 너를 집에 가게 만들어 버릴 거다.)

You shall succeed.

너는 성공할 거야. (내가 너를 성공하도록 만들어 버릴 거다.)

You shall do homework.

너는 숙제를 할 거야. (내가 너를 숙제하도록 만들어 버릴 거다.)

어때요? 너무 강압적이죠? 그래서 이 **shall**을 should로 바꿔 주면 이 뉘앙스가 확 약해집니다!

You shall go home.

너는 집에 가게 될 거야. (내가 너를 집에 보내 버리겠어.)

→ **You should go home.**

너는 집에 가야 해. or 가는 편이 나아. or 가는 게 좋겠어.

You shall succeed.

너는 성공할 거야. (내가 널 성공하게 만들어 버리겠어.)

→ **You should succeed.**

너는 성공해야 해. (네가 성공하는 게 좋아, 그러는 편이 좋아.)

You shall do homework.

너는 숙제를 할 거야. (내가 널 숙제하게 만들어 버릴 거야.)

→ **You should do homework.**

너 숙제해야 해. (너 숙제하는 편이 나아, 그러는 편이 좋아.)

우리가 잘 알고 있는 **must**와 **have to**도 마찬가지예요. **must**는 현재형이죠? 아주 **강압적인 '~해야 한다'**예요. **should**의 '~해야 한다'는 주어가 그러길 바란다는 거지 안 한다고 어떻게 되는 건 아닌데 **must**의 '~해야 한다'는 안 하면 안 되는, 예를 들어 **법적으로 정해져 있거나 사회적 규범 같은 것들**에 사용하게 돼요.

You should see my video.

제 비디오(유튜브) 영상을 봐 주세요.

You must write your name on this paper.
종이(계약서) 위에 당신의 이름을 쓰세요.

어렵지 않죠? 여기서 조금 깊게 들어가면 **have to R**의 형태도 '~해야 한다'라고 해석하잖아요? 이때 **have to R**에서 **have**가 **has/have/had**로 시제 표현이 가능하죠. 이 녀석은 정확하게는 조동사가 아닌 시제 표현이 되어 있는 거라서 **should**가 아닌 **have to R**에 가까운 표현이에요.

사실 정확한 뜻은 '**have(가지고 있다)+to R(~해야 하는 상황을)**'인데 그냥 **must의 대용 표현** 정도로 알고 있으면 편합니다. 그리고 조동사에 **have+p.p**를 붙여서 과거가 되는 이유는 앞서 **have+p.p**의 유래에서 설명했듯이 '**would+ have(가지고 있다)+p.p(보다 더 이전에 있던 일을)**'처럼 과거로 해석이 되기 때문입니다. 아, 그런데 조동사 중 **will/shall** 이 두 개는 기본적으로 바라보는 방향이 미래이기 때문에 **have+p.p**랑 결합해서 미래완료가 된다는 점 다시 한번 강조합니다! 다른 **조동사는 기준 시점이 모두 현재**이기 때문에 뒤에 **have+ p.p를 결합시키면 과거로 해석**이 된다고 생각하면 편해요.

자, 지금까지는 모두 다음 내용을 위한 빌드업(Build-up)이었습니다.

두근두근! 이제 대망의 가정법으로 가 볼게요!

10-3

조동사만 이해하고 나면
가정법은 거저먹기!

가정법이 궁금하신가요?

If S Ved, S would R → 가정법 과거
If S had+p.p, S would have+p.p → 가정법 과거완료

이게 무슨 암호냐고요? 여러분 모두 한번쯤은 가정법 규칙 달달 외워 본 적 있을 거예요. 하지만 우린 앞에서 조동사를 배웠잖아요? 아주 쉽게 가정법을 이해할 수 있는 토대를 마련한 거예요!

가정법 = '거짓말'

사실이 아닌 것을 사실이었으면 어땠을까 가정해 보는 것, 그게 가정법이잖아요?

내가 새라면(거짓말) 하늘을 날 수 있을 텐데(가정).

If I were a bird, I _____ fly.

(A) will   (B) would

여기서 정답은 (B) would입니다. 왜일까요?

I will fly.
I would fly.

위의 두 문장의 경우 '나는 하늘을 날 것이다'로 똑같이 해석됩니다. 그런데 앞에서 will과 would의 차이가 뭐라고 했었죠? 네, 바로 **가능성의 차이!** 나는 새가 아니기 때문에 하늘을 날 수가 없죠. 따라서 **가능성이 낮은 would**를 쓸 수밖에 없는 거예요. 가능성이 높은 **will**이 아니고요!

If S Ved, S would R

이제 왜 이런 규칙이 나왔는지 이해가 되죠?

> 여기서 주절 동사의 조동사를 would가 아니라 could나 might로 써도 괜찮습니다! ☺

If I were a bird (now / yesterday), I would fly.

자, 그렇다면 위와 같은 가정법에서는 어떤 부사어를 써 줄까요? **were**라는 과거시제가 나와 있으니 과거 시점 부사어 **yesterday**! 네, 땡입니다. 생각과는 달리 **now**를 써야 해요.

이것이 바로 가정법의 특징인데요, 사실 가정법은 말을 하는 **상황은 현재인 데 이 일이 사실이 아니라는 것을 알려 주기 위해 일부러 동사를 과거로** 보내서 사실이 아님을 확실하게 나타냅니다.

위와 같이 be동사 were를 씀으로써 완전히 거짓말임을 나타내는 거죠. 어때요? 가정법인지 아닌지 쉽게 파악할 수 있겠죠?

다만 I가 주어일 때 were를, you가 주어일 때 was를 써야 하는 수 일치를 무조건 반대로 하라는 뜻이 아니라, 가정법에서 사용하는 be동사가 were로 굳어져 있다는 뜻입니다.

If I were you, I would help him.

내가 너라면 그를 도와줄 텐데.

이런 식으로 be동사가 were로 되어 있어서 **수 일치가 되지 않는다면, 볼 것 도 없이 가정법**이라는 증거가 됩니다. 하지만 아래 문장의 경우는 이러한 팁이 적용되지 않겠죠.

If you were me, would you help me?

네가 나였다면 너는 나를 도울까?

If they were not busy, would they help me?

그들이 바쁘지 않았다면 나를 도울까?

이 문장에서는 주어가 you와 they이기 때문에 이때는 문맥을 통해 가정법 인지 아닌지 알아내는 수밖에 없겠죠?

> "
> 요즘은 문법적 규칙이 흐려져 If I was라고도 많이 쓰는 추세입니다. 참고해 주세요. ☺
> "

내가 어제 그 학생을 만났더라면, 이 책을 줬을 텐데.

그렇다면 위의 문장처럼 **과거의 사실을 가정하게 될 때**는 어떻게 표현하면 좋을까요?

If I had met the student yesterday,
I would have given this book.

문장이 좀 길지만, 방법은 어렵지 않죠? 과거에 있었던 사실에 대해 가정을 하는 것이기 때문에 **말하고 있는 시점은 과거, 그러나 사실이 아니므로** 이것을 나타내 주기 위해 **If절의 동사를 had+p.p(과거완료)의 형태로** 써 줌으로써 시제를 어긋나게 해 주는 겁니다. 그리고 주절의 동사를 **would have+p.p**(~했을 텐데)로 적어 주면 되는 거죠.

If S had+p.p, S would have+p.p

이 규칙 또한 이해 완료! 이제 가벼운 마음으로 연습 문제 가 볼게요.

가정법 과거/가정법 과거완료 연습

혼합가정법이
궁금하신가요?

아래 문장을 해석해 보세요.

1   If I were you, I wouldn't take a holiday in winter.
    →

2   It would be helpful if your husband took your concerns more seri-
    ously.
    →

3   If he were qualified, she could employ him.
    →

4   If she had taken the airplane, she would have arrived on time.
    →

5   We might have missed the bus, if we had walked more slowly.
    →

6   If Tom had hired someone to do the job yesterday, he might have
    paid $350.
    →

※ 정답과 해설은 p.361.

7　If he had not been able to speak French, I would have gone to the police station.

　→

8　If I had worked with him, I would be in the research center now.

　→

9　If you had studied English harder when you were young, now you could speak English better.

　→

10　If Napoleon had succeeded in his dream of conquering Europe, the map of the continent would look very different today.

　→

11　If she had not died in the war, she would be 35 years old now.

　→

12　If you are lucky, you may get a chance to see the sun make an omega shape

　→

13　If my boss should call while I'm out, please tell her I'll be back.

　→

14　If the sun were to rise in the west, Ms. Kim would marry you right now.

　→

66

12~14번까지는 가정법 현재/미래.
다음 장에서 자세히 설명할게요!

99

가정법 현재? 미래?

가정법 현재/미래가 궁금하신가요?

지금까지 **사실을 가정하는 가정법**에 대해 알아봤다면, 지금부터는 **if**를 이용해서 **아직 일어나지 않은, 앞으로 일어날 일을 가정**해 보려고 합니다.

내일 해가 뜬다면 나는 밖에 나갈 거야.
내일 혹시라도 비가 온다면 나는 우산을 가져갈 거야.
내일 눈이 온다면 나는 여기에 머무를 거야.

위의 세 문장 모두 아직 일어나지 않은 미래의 일에 대해 이야기하고 있죠? 문법책에서는 이것을 **'가정법 현재'**, **'가정법 미래'**라는 이름으로 부릅니다. 일단 이렇게 생겼습니다.

[가정법 현재]
If S Vs, S will R

[가정법 미래]
If S should R, S will/would R
If S were to R, S would R

앞의 세 가지 형태 모두 '**주어(S)가 동사(V)한다면 주어(S)가 동사(V)할 것이다**'라고 해석됩니다. 그렇다면 도대체 왜! 우리말로는 이렇게 똑같이 해석이 되는데, 주절의 조동사가 If S Vs일 때는 **will**, If S should R일 때는 **will/would R**이 다 되고, If S were to R일 때는 **would R**만 되는 걸까요?

자, 지금부터 잘 들어주세요! 앞으로 일어날 일은 그 일이 일어날 가능성, 즉 확률이 어떻게 될지 정확히 예측하기 어렵겠죠?

> If S Vs (주어+동사 수 일치!) → 일어날 확률이 아주 높음(90% 이상)
>
> If S should R → 가능할 수도 있고 아닐 수도 있음(30~70%)
>
> If S were to R → 사실이 아님, 안 일어나는 일(0%)

자, 이제 보이나요?

> If S Vs → 가능성이 높은 조동사 will
>
> If S should R → 그럴 수도 있고 아닐 수도 있고 → will/would
>
> If S were to R → 절대 안 일어남! → would

어때요? 너무 간단하죠? 이게 다예요!

> 내일 해가 뜨면 나는 밖으로 나갈 거야. → 확률 100%
> **If the sun rises tomorrow, I will go out.**

내일 비가 온다면 나는 우산을 가져갈 거야. → 확률 50%

If it should rain tomorrow, I will take an umbrella with me.

(or I would take an umbrella with me.)

내일 눈이 온다면 나는 여기에 머무를 거야. (현재는 여름) → 확률 0%

If it were to snow tomorrow, I would stay here.

> 표시한 확률은 느낌을 보여 드리려고 한 거예요. 절대적인 게 아니니까 수치에 집착하지 마세요. 😊

자, 그럼 가정법 총정리하고 다음 장으로 넘어갑니다!

If S Ved, S would R → 가정법 과거

If S had p.p, S would have p.p → 가정법 과거완료

If S Vs, S will R → 가정법 현재

If S should R, S will/would R → 가정법 미래

If S were to R, S would R → 가정법 미래

영어에서 도치는
왜 중요할까요?

아래 문장의 주어는 무엇일까요?

There is a house.
주어?

Among her many accomplishments were
Drawing and singing.   주어?

Impossible is nothing.
주어?

혹시 주어를 there, accomplishments, impossible이라고
생각했나요? 그렇다면 땡! 위 문장들은 주어＋동사의 자리
가 바뀐, 즉 도치가 되어 있는 상태입니다. 영어에 존재하는
아주 독특한 현상이죠. 지금부터 도치에 대해 알아볼게요!

도치가 궁금하신가요?

도치가 일어나는 이유,
그리고 우리말과의 차이

이번 주제는 도치입니다. 도치는 사실 우리말에서는 흔히 일어나는 일이죠. 그렇다면 도치는 왜 하는 걸까요?

나는 너를 사랑해.
↓
너를! 나는 사랑해.
사랑해! 나는 너를.

느낌이 오죠? 이렇듯 도치는 문장 내에서 **중요하다고 생각하는 부분을 문장 앞에** 먼저 말함으로써 그 부분을 강조해 주는 역할을 합니다.

그런데 이건 우리말에서만 가능한 얘기예요. 우리말은 조사가 문장의 역할을 정해 주기 때문에(은, 는, 이, 가 → 주어/을, 를 → 목적어 등) 그냥 순서만 앞으로 옮겨 주면 바로 도치가 되거든요. 반면 영어는 그렇지 않습니다. **영어는 자리가 너무너무 중요한 언어죠.** 영어 문장에서 도치는 어순을 거스르는 상당히 특이한 경우라고 볼 수 있습니다.

A man stands. 남자 한 명이 서 있다.

이 문장은 이 자체로도 완전하긴 하지만 무언가 약간 부족한 느낌이 있어요. 바로 '어디에'가 빠져 있죠.

A man stands on the hill.

이렇게 장소를 나타내는 부사구 같은 것이 쫓아오면 의미가 더욱 완전해집니다. 즉 **on the hill**이라는 '전명구'는 사실 **stand**라는 동사 때문에 쫓아온 겁니다. (**on the hill**이 **stand**를 설명하고 있는 거죠.)

<u>**A man stands** (on the hill)</u>.
   S   V   ad

이 문장에서 이 사람이 **'언덕에'** 서 있다는 것을 강조하고 싶다면?

(On the hill) **a man stands**.

이렇게 앞으로 보내 버리면 끝? 아니죠. 여기서 **on the hill**이 꾸미고 있던 것은 **stand**라는 동사이기 때문에 **on the hill** 뒤에 동사인 **stand**가 쫓아오는 일이 벌어지게 됩니다. (주어와 동사의 자리가 바뀜!)

(On the hill) <u>stands</u> <u>a man</u>. (on the hill이 stand를 꾸며야 해요!)
                             V   S

자, 그리고 우리가 아주 오래전부터 봐 왔던 바로 이 문장!

<u>A man is</u> (there).

위 문장에서 **A man is**만 두고 보면 역시 뭔가 좀 부족한 느낌이 들죠? '어디에?'가 궁금하잖아요. 그래서 **there**가 쫓아온 거예요. (**there**는 '거기에'라는 부사) 그러면 '한 남자가 거기에 있다'가 되는데, 부사인 '거기에'를 앞으로 빼 볼게요.

(There) <u>is</u> <u>a man</u>.
        V   S

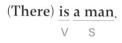

> 우리가 자주 보게 되는, 흔히 'there is 구문'이라고 부르는 형태! 직역하면 '거기에 어떤 한 남자가 있다.' 그런데 여기서 '거기에'는 굳이 해석하지 않아요. ☺

간단하죠? 하나 더 해 볼게요.

<u>Nothing</u> <u>is</u> <u>impossible</u>.
   S   V   C
↓
<u>Impossible</u> <u>is</u> <u>nothing</u>.
    C   V   S

이제 정리하고 연습 문제로 넘어갈게요!

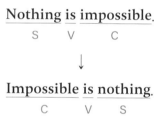

(주로) 장소 부사어 도치
S＋V＋부사 (동사의 의미 때문에 쫓아오는 부사어)
↓
부사＋V＋S

be동사의 보어 도치
S＋be＋C
↓
C＋be＋S

도치 연습 1

아래 밑줄 친 문장을 도치해 보세요.

1   An ancient tower stood on the hill.

    ➔

2   A tall tree stood at the summit of the mountain.

    ➔

3   Several old papers were in the box.

    ➔

4   A small cottage was among the forests.

    ➔

5   The house where my grandmother lives is over the river and
    through the woods.

    ➔

※ 정답과 해설은 p.363.

6 No man in this room is <u>there</u>.
  →

7 Few words that the students will understand are <u>there</u>.
  →

8 The document was <u>so old</u> that it was scarcely readable.
  →

9 The treasure is <u>hidden</u> under the box.
  →

10 The poor in spirit are <u>blessed</u>.
  →

부사어나 형용사보어를 강조해서 앞으로 보내는 도치를 할 때 **주어가 대명사인 경우**에는 도치가 되지 않습니다.

There is it. (×)
There it is. (○)

On the hill stands he. (×)
On the hill he stands. (○)

이는 인칭대명사가 '구정보(기존에 알고 있던 내용)'이기 때문인데, 영어에서는 **오래된 정보를 앞에다가 쓰고 새로운 정보를 뒤에다 쓰는 규칙**이 있습니다.

He is a doctor. (○)
A doctor is he. (×)

위의 두 번째 문장에서 **he**라는 대명사는 이미 한 번 언급된(**A doctor**) 정보죠. 이렇듯 도치를 하려는 문장에서 인칭대명사는 늘 구정보가 될 수밖에 없습니다. 그래서 도치가 안 되는 거예요.

타동사+부사의 형태일 때 목적어가 대명사면 앞에 둬야 하는 것도 같은 원리예요. 아래 예문을 볼까요?

Turn on the radio. (○)
Turn the radio on. (○)

위 두 문장 모두 '라디오를 켜다'라는 뜻으로 부사인 **on**은 자유롭게 도치가 가능합니다. 그런데 만약 **radio**를 **it**이라는 인칭대명사로 바꾼다면?

Turn it on. (○)

Turn on it. (×)

감이 오죠? 몇 가지 더 보여 드릴게요.

Pick you up. (○)	Give it up. (○)	Bring it on. (○)
Pick up you. (×)	**Give up it.** (×)	**Bring on it.** (×)

도치된 문장의 번역에 관하여

(쉬어 가는 페이지)

도치된 문장의 번역이 궁금하신가요?

이번에 들려 드릴 이야기는 쉬어 가는 번외편이라고 생각하고 즐겨 주세요. 번역은 제2의 창작이라고 말할 정도로, 우리말과 다른 언어를 우리말로 옮기는 일은 쉽지 않습니다.

Impossible is nothing.

앞에서 다루었던 문장이죠? 그리고 아주 오랫동안 한 유명 운동화 브랜드의 광고 문구이기도 했습니다. 이 문장은 도치된 형태로 주어는 분명 **nothing**입니다. 그러니까 원래 문장은 **Nothing is impossible**(어떤 것도 불가능하지 않다)인데 **be**동사의 보어 도치로 **Impossible is nothing**이 된 거죠.

불가능, 그것은 아무것도 아니다.

와우! 아주 멋있지 않나요? 저는 이 번역이 참 세련되고 멋지다고 생각했어요. 여기서 중요한건 **impossible**을 마치 주어인 것처럼 '불가능'으로 번역했지만, 사실 이건 번역한 사람이 도치의 느낌을 살리기 위해서 일부러 그렇게 한 거라고 보면 됩니다.

Iron man

Avengers

Captain America

강철 남자??

복수자들??

미국 대장??

마블에서 나온 히어로물 영화들의 제목이에요. 바로 「아이언맨」, 「어벤져스」, 「캡틴 아메리카」흠, 그런데 위와 같이 직역을 해 놓으니 영……. 멋이 없죠?

Frozen

자, 위의 제목을 가진 영화 다들 재미있게 보셨죠? 모르는 영화라고요?

짜잔! 바로 이 영화예요. 「겨울왕국」! 우리 이 영화의 주제곡도 한동안 열심히 불렀잖아요. '렛 잇 고~ 렛 잇 고~(Let It Go)' 왜 이 영화의 제목이 Winter Kingdom이 아니고 Frozen이냐고요? Frozen이라는 단어는 freeze의 p.p 형태입니다. 즉 '**얼려진, 언**'이라는 뜻인데 그렇다고 영

화 제목을 '언'이라고 할 수는 없지 않겠어요? 아이들을 대상으로 하는 영화인데 '프로즌'이라는 원작 제목을 그대로 쓰면 뭔가 좀 딱딱해 보이고 추상적으로 느껴지기도 하고요. 영화의 내용과 잘 어울리는 「겨울왕국」이라는 우리말 제목은 개인적으로 '신의 한 수'였다는 생각이 드네요.

제가 개인적으로 제목 참 잘 지었다고 생각하는 또 하나의 영화예요. 바로 「월요일이 사라졌다」. 이 영화의 원제목은 무엇이었을까요?

What happened to Monday?

우리나라에서 번역한 것과 전혀 다르죠? 한국어 제목대로라면 Monday is gone쯤 될 것 같은데 말이에요. 그렇다면 우리말로는 왜 저렇게 번역을 했을까요? 여기서 아주 중요한 포인트는 Monday 앞에 붙은 to 라는 전치사입니다. 원래 **요일인 Monday 앞에는 전치사 on**을 쓰죠?

On Monday I met her. 월요일에 나는 그녀를 만났어.

그런데 이 영화 제목에서는 전치사 **to**를 쓰고 있단 말이죠. 왜 그런 걸까요? 이걸 이해하려면 영화의 내용을 조금 알아야 해요.

먼 미래, 유전자 조작 식품의 부작용으로 사람이 아이를 낳기만 하면 무조건 6~8명 정도의 쌍둥이를 낳는 세상이 되었어요. 그러다 보니 식량이 부족해져서 정부는 각 가정에서 아이를 1명만 키울 수 있게 해 주고 나머지 아이들은 얼려서 냉동 보관을 시켜 놓고 나중에 세상이 살만해지면 깨우는 정책을 펴게 되었죠.

당연히 사람들은 이 정책에 반대했어요. 그리고 영화의 주인공이 아이를 낳았는데 7명의 쌍둥이였습니다. 정부에 신고를 했다간 6명이 냉동 보관될 것이기 때문에 주인공은 이 7명의 이름을 월요일, 화요일, 수요일, 목요일, 금요일, 토요일, 일요일로 정하고 각자의 요일에만 밖에 나가서 활동하도록 어려서부터 훈련을 시킵니다. 그래서 아이들은 매일 밤 모여서 그날 있었던 일을 공유하고 상처가 나면 똑같은 곳에 상처를 만들며 한 명처럼 살아가게 돼요.

그렇게 성인이 된 어느 날, 리더 역할을 하던 월요일이 돌아오지 않는 거예요. 그렇게 영화가 시작됩니다.

자, 이제 이해가 되죠? **Monday**에 왜 **to**가 붙었는지 말이에요. **Monady**는 월요일이라는 이름의 사람이었던 겁니다. 날짜를 얘기하는 게 아니고요.

월요일에게 무슨 일이 벌어졌나?

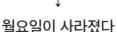

월요일이 사라졌다

이렇게 내용을 듣고 보니 제목 정말 잘 지었다는 생각이 들죠? 여러분도 저와 함께 차근차근 공부해 나가면 이렇게 멋진 문장을 만들 수 있습니다. 멋진 우리말을 만드는 일, 탄탄한 영문법 다지기로부터 시작된다는 점 잊지 마세요!

부정부사어를
앞으로 빼면 도치?

부정부사어의 도치가 궁금하신가요?

자, 도치 중에서도 부정의 의미를 지닌 부사어, 즉 부정부사어가 문장의 앞으로 나가는 경우가 있어요. 먼저 부정부사어의 종류를 한번 볼게요.

결코 ~이 아닌 : **never**

거의 ~이 아닌 : **hardly, scarcely, barely, seldom, rarely, little**

no가 들어간 전명구 : **by no means, on no account, in no time**

부정부사어의 경우 앞서 설명한 방식과는 조금 다른 방법으로 도치가 됩니다. 일단 기본 원리는 같아요. 먼저 우리가 동사를 부정하려면 어떻게 했었는지 기억하나요?

Tom is kind.	→ Tom is not kind.
Tom has worked.	→ Tom has not worked.
Tom may work.	→ Tom may not work.
Tom works.	→ Tom does not work.

이와 같이 동사의 형태에 따라서 부정문을 만드는 법이 달랐어요. 이 상태에서! 앞에서 보여 드린 것처럼 부정부사어가 문장의 앞으로 나가 버리는 겁니다. 그러면 그 부정부사어가 설명하고 있던 동사가 앞으로 같이 따라 나오겠죠? 그런데 동사 중간에 있던 부사가 문장의 앞으로 나가다 보니 아래와 같은 모양이 나오게 되는 거예요.

> "
> 여기서는 not 대신 never를 사용할게요.
> "

Never is Tom kind.
Never has Tom worked.
Never may Tom worked.
Never does Tom work.

어때요? 의문문과 똑같은 형태가 되어 버리죠! 앞서 배운 **의문문 형태에서 문장 끝에 '?'만 빼고, 문장 앞에 부정부사어**만 놔 주면, 짜잔! 도치가 된 형태입니다. 이런 이유로 이 도치를 '**의문문 어순 도치**'라고도 불러요. 앞서 배웠던 장소 부사어나 보어가 문장의 앞으로 나가는 경우와는 전혀 다르죠? 이제 연습해 볼게요.

도치 연습 2

아래 문장을 도치해 보세요.

> "
> never 결코 ~하지 않는
> hardly, rarely, seldom, little 거의 ~하지 않는
> at no time 어떤 시간에도 ~하지 않는 (=never)
>
> 이와 같은 부정부사어는 문장의 앞에 나오면 주어와 동사를 도치해야 합니다.
> 즉, 아래 문장들은 전부 틀린 문장이에요. 옳은 문장이 되도록 도치해 보세요.
> "

1 At no time we were friends.

→

2 Never the man has seen the beautiful place.

→

3 Never again they would be separated from each other.

→

4 Rarely the composer heard his works performed.

→

※ 정답과 해설은 p.363.

5   Never again I will make that mistake.
    ➡

6   Hardly he came to class on time.
    ➡

7   Little I realized how important the meeting was.
    ➡

8   Seldom there have been houses in the place.
    ➡

9   At no time the passengers were in any danger.
    ➡

10 Not until 1940's the television broadcasting began.
    ➡

궁금증 12

비교는
어떻게 하나요?

다음 문장에서 **as**는 무슨 역할을 할까요?

He is as **kind as she.**
He behaves as **politely as she.**

위의 문장을 우리는 흔히 **as~as 원급 비교**라고 부릅니다.
as는 워낙에 하는 역할이 많다 보니 어려운 단어로 보일 수
있어요. 한번에 익히기는 어렵지만 이번 장에서 천천히 알
아 나가 볼게요!

 비교급이 궁금하신가요?

A와 B가 비슷할 때 사용하는 as

He is as kind as she.

He behaves as politely as she does.

He has as much money as she does.

He is almost twice as likely to go there as she.

글을 읽다 보면 이런 표현들 많이 만나게 되죠? 이런 표현들을 우리는 **as~as 원급 비교**라고 부르는데, 이게 어떻게 만들어지는지에 대해서 이야기해 볼게요. 먼저 아래 내용을 명심하고 시작할게요!

비교 표현은 형용사 혹은 부사에!

그는 그녀만큼 공부를 잘해. – '잘'(부사)

그는 그녀만큼 착한 사람이야. – '착한'(형용사)

이렇게 그와 그녀를 비교할 때, 여기에 **as~as**를 넣어 볼 거예요. 그전에 먼저 비교 구문에서 각 **as**가 하는 역할을 알고 있으면 이해하기가 쉬워요.

앞의 as는 '그만큼'이라는 뜻을 가진 '부사'
뒤의 as는 '~만큼'이라는 뜻을 가진 '접속사'

여기서 가장 중요한 건 **as~as 사이에는 반드시 형용사나 부사**가 온다는 점입니다. 뒤에 나오는 형용사나 부사를 앞에 나오는 (부사인) **as**가 꾸며 주기 때문이에요.

He is kind.   She is kind.

자, 여기 친절한 그와 그녀가 있군요. 이제 **He**의 친절한 정도를 **She**와 비교해 볼게요. 잘 따라오세요.

1. 접속사 as로 두 문장을 이어 준다.

He is kind <u>as</u> she is kind.

~만큼 (접속사 as)

2. 비교하고자 하는 형용사나 부사 앞에 as를 넣고 중복을 피한다.

He is <u>as</u> kind as she is kind.

그만큼 (부사 as)

He is as kind / as she is kind

그는 그만큼 친절하다 / 그녀가 친절한 만큼

↓

He is as kind as she is kind.

중복되는 as 뒤 is kind 삭제

He is as kind as she.

그는 그녀만큼 친절하다.

지금까지 보여 드린 건 **as~as**에 형용사를 끼워 넣은 비교 구문이었어요. 이제 **as~as**에 부사를 끼워 넣어 볼게요.

He behaves politely.　　She behaves politely.

자, 이번에는 공손한 남녀가 있군요. 이 문장에 **as~as**를 넣어 볼게요.

He behaves as politely as she behaves politely.

'그만큼'이라는 뜻의 **as**가 **politely** 앞에 들어가고 뒤 문장을 이어 주기 위한 접속사 **as**가 들어오겠죠? 그리고 뒤에 중복되는 **behaves politely**는 빼 줍니다.

He behaves as politely as she.

그는 그녀만큼 공손하게 행동한다.

어렵지 않죠? 좋아요. 그럼 응용 들어갑니다! 다음 쪽 문장을 봐 주세요. 위 문장을 다음과 같이 쓸 수도 있어요.

He behaves as politely as she does.

이때 **does**는 앞에 나온 동사 **behaves**를 받은 **대동사**예요. **동사의 종류에 따라 대동사를 as 뒤에 남겨 놓을 수도 있다는 거예요.**

4가지 종류의 대동사가 들어간 예문들을 확인해 볼게요.

1   **He is as kind as she** is. (앞의 is를 is로 받음)

     →   그는 그녀만큼 친절하다.

2   **He behaves as politely as she** does. (앞의 behaves를 does로 받음)

     →   그는 그녀만큼 공손하게 행동한다.

3   **He can work as hard as she** can. (앞의 can work를 can으로 받음)

     →   그는 그녀만큼 열심히 일할 수 있다.

4   **He has lived here as long as she** has. (앞의 has lived를 has로 받음)

     →   그는 그녀만큼 오랫동안 여기서 살아왔다.

be동사는   be동사로,
일반 동사는   do로,
조동사는   조동사로,
have+p.p는   have로!

이제 조금 정리가 되었으니 또 한 단계 나가 볼까요? 먼저 위에서 배운 대로 다음 두 문장을 **as~as** 구문으로 만들어 볼게요.

He has much money.   She has money.

형용사에 해당하는 **much** 앞에 '그만큼'이라는 뜻의 **as**를 넣어 주고, 중복되는 걸 지워 주면 끝!

He has as much money as she.

그는 그녀만큼 많은 돈을 가지고 있다.

이제 **as~as** 비교 구문은 눈 감고도 만들겠죠? 지금까지 우리가 배운 이 구문을 **원급 비교**라고도 불러요. 명사를 수식하는 형용사 앞에도 **as**를 넣어 줄 수 있다는 것까지 알면 거의 다 온 거예요.

자, 이제 정말 어려운 단계로 갑니다!

He is almost twice as likely to go there as she.

이 길고 복잡해 보이는 문장을 거꾸로 해체해 볼게요.

He is likely to go there라는 문장에서 형용사 **likely**(~일 것 같은)가 보이죠? **as~as** 사이에 끼워 넣어 볼게요.

He is as likely to go there as she.

여기에 배수 표현이 들어갔군요.

> **[배수 표현]**
> - 절반 half
> - 두 배 twice
> - 세 배 three times(세 배부터는 동일하게 times를 붙여서 만들어요)
> - 네 배 four times

He is twice as likely to go there as she.

여기에 배수의 정도 표시로 '거의'라는 뜻의 **almost**까지 집어넣어 주면, 짜잔!

He is almost twice as likely to go there as she.

그는 그녀와 비교했을 때 거의 두 배만큼이나 거기에 갈 것 같다.

이렇게 복잡해 보이는 문장도 차근차근 풀어 나가면 기본 규칙에서 벗어나지 않는다는 걸 알 수 있겠죠? 이제 비교급으로 넘어갈게요!

A보다 B가 더할 때 사용하는
more-/-er ~than

비교급이 궁금하신가요?

먼저 비교급을 이해하려면 비교의 3단 변화에 대해 알아야 합니다. 동사의 3단 변화가 있듯이 비교에도 3단 변화가 존재하는데, 이 비교의 3단 변화는 형용사 혹은 부사에만 적용됩니다.

kind – kinder – kindest
beautiful – more beautiful – most beautiful

이렇게 **-er/-est**를 쓰는 경우가 있고, **more -/most -**를 쓰는 경우가 있어요.

1음절이면 -er/-est
2음절 이상이면 more-/most-

이렇게 되는 이유는 역사와 관련이 있어요. 수많은 시간을 지나오면서 다양한 언어들이 영어에 섞여 들게 되었는데, 음절 수가 1음절인 짧은 어휘들은 고대 영어에서 사용하던 독일어가 지금까지 남은 것이고, 2음절 이상의 긴 어휘는 1066년 이후 영어에 대거 유입된 프랑스어의 영향이라고 보면 됩니다.

앞서 **as~as** 원급 비교에서처럼 비교급에도 절대적이지는 않지만 비교급을 만드는 기본 규칙이 있어요. 그 규칙에 따라 원급 비교에서 봤던 문장들을 비교급으로 만들어 볼게요.

He is kind.   **She is kind.**

↓

He is kinder than **she.**

그는 그녀보다 더 친절해.

여기서 **than**은 문장과 문장을 연결해 주는 접속사처럼 기능을 하고, **than** 뒤에 있는 **is kind**는 중복을 피하기 위해 생략되었어요. 어렵지 않죠? 그럼 바로 다음 문장!

She is honest.   **He is honest.**

↓

She is more honest than **he.**

그녀는 그보다 더 정직하다.

차이가 보이나요? 앞선 문장의 **kind**와는 달리 **honest**가 2음절 이상의 단어이기 때문에 **more**를 붙였어요. 역시 간단하죠? 자, 이제 부사의 비교급을 만들어 봅시다. 역시 원급 비교와 기본 규칙은 똑같아요.

Tom works hard.   Tom은 열심히 일한다.

여기서 부사인 **hard**(열심히)에 비교 표현을 넣어 볼게요.

Tom works harder than John.

Tom은 John보다 더 열심히 일한다.

하나 더 해 볼게요.

Tom behaves politely.

↓

Tom behaves more politely than John.

Tom은 John보다 더 공손하게 행동한다.

그럼 지금까지 배운 내용 정리하고, 조금 더 어려운 내용으로 넘어가 볼게요.

1음절 단어 뒤에는 **-er**을 붙이고,
2음절 이상 단어 앞에는 일반적으로 **more-**를
비교 대상은 **than**으로 이어서 표현

자, 이제 집중하세요. 조금 어렵습니다.

Tom is a kind man.   **John is a kind man.**

친절한 **Tom**과 **John**이 등장했군요. 먼저 **kind**가 **man**을 앞에서 꾸미고 있는 형태의 이 두 문장을 비교급으로 만들어 볼게요.

Tom is a kinder man than John.

Tom은 John보다 더 친절한 남자다.

이렇게 되겠죠? 아까와는 달리 kind라는 형용사가 명사를 앞에서 꾸미고 있기 때문에 모양이 조금 달라졌을 뿐이에요. 그렇다면 아래의 문장은 영어로 어떻게 표현할까요?

Tom은 John보다 더 많은 돈을 가지고 있다.

먼저 'Tom은 많은 돈을 가지고 있다'부터 시작할게요.

Tom has much money.

여기에서 much가 형용사이기 때문에 much를 비교급으로 써 주면 되겠죠? 그런데 말이에요, much를 비교급으로 만들면 어떻게 되는지 아세요? 네, 바로 more예요! much 앞에 뭘 붙이는 게 아니라 그냥 much를 비교급으로 써 주면 more가 됩니다.

Tom has more money than John.

much '많은' → more '더 많은'

many도 마찬가지예요!

Tom은 John보다 더 많은 책을 가지고 있다.

Tom has many books.
↓
Tom has more books than John.

as~as 원급 비교와 다른 점을 느끼셨나요? **as~as**에서 앞의 **as**는 부사밖에 없었는데 **more**는 부사로도 사용하지만 형용사로서 명사를 꾸밀 수도 있다는 점! 자, 그럼 모아 놓고 볼게요.

Tom is kinder than John.
Tom is more honest than John.
Tom works harder than John.
Tom behaves more politely than John.
Tom has more money than John.
Tom has more books than John.

그리고 다들 잘 이해했겠지만, 노파심에 한번 더 알려 드릴게요. 대동사 기억하죠? 여기서도 마찬가지로 **than 뒤의 생략된 내용(앞 문장에서 이미 언급된)**을 대신해 대동사를 쓸 수 있어요.

Tom is kinder than John is. (is가 대동사)
Tom makes money harder than John does. (does가 대동사)
Tom can make money harder than John can. (can이 대동사)
Tom has made money harder than John has. (has가 대동사)

그럼 이제 대단원의 최상급으로 가 볼게요!

A가 '가장 ~하다'를 표현할 때
most, -est

최상급이 궁금하신가요?

the most / the -est

자, 이제 대망의 최상급을 만나 볼게요. 그전에 앞서 배운 내용을 잠깐 복습해 볼게요.

He is kind.   She is kind.

↓

He is as kind as she.

그는 그녀만큼 친절하다.

He is kind.   She is kind.

↓

He is kinder than she.

그는 그녀보다 더 친절하다.

이와 같이 **원급과 비교급 모두 2개의 비교 대상**을 가지고 있었어요. 그런데! 최상급은 이렇게 만듭니다. 먼저 앞서 이야기한 대로, 1음절 단어에는 **-est**를, 2음절 이상의 단어에는 **most-**를 쓰는 게 일반적이에요.

He is kind. (kind 1음절) → He is kindest.
She is honest. (honest 2음절 이상) → She is most honest.

자, 그런데 말이에요. 최상급은 여기서 끝이 아니에요. 2가지를 더 고려해야 합니다. 첫째, **셋 이상의 범위 개념**이 나와요. 이게 원급과 비교급와의 차이점인데, 앞서 본 것처럼 원급과 비교급은 둘을 비교하죠.

그는 그녀만큼 친절해.
그는 그녀보다 친절해.

하지만 최상급은 **무조건 셋 이상의 범위 안에서 '가장 ~한 것'**을 말할 때 사용해요. 예를 들면 아래 문장처럼 말이에요.

He is kindest of all the people. (모든 사람들 중에서 – 범위)
She is most honest in the class. (그 교실에서 – 범위)

그리고 둘째, **정관사 the가 함께** 쓰여요.

He is the kindest of all the students.
She is the most honest in the class.

왜냐하면 정관사 **the**는 범위를 정할 때 쓴다고 했잖아요? 정관사를 설명할 때 **a white house**가 백악관이 아닌 그냥 '하얀 집'이라는 얘기했었죠? 관사 **a**

가 붙었으니 세상에 수많은 하얀 집 중 하나인 거예요. 그런데 여기에 the를 붙이고 White house를 대문자로 쓰면? 세상에 있는 수많은 하얀 집 가운데 미국 대통령이 집무를 보는 바로 '그' 하얀 집(The White House)이 되는 거죠. 바로 그런 이유로 최상급에도 the가 붙는 거예요.

He is the kindest of all the students.

모든 학생들 중에서 가장 친절하니까, 모든 학생들 중 바로 '걔'를 딱 지정해 준 겁니다. 아래 문장도 마찬가지예요.

She is the most honest in the class.

교실에 있는 많은 학생들 중 가장 정직한 바로 '걔'!
자, 그럼 최상급의 기본 개념 정리하고 연습 문제로 넘어갈게요.

1음절 단어에는 -est를 붙이고
2음절 이상 단어에는 most-를,
셋 이상의 범위 개념을 주고(생략 가능)
정관사 the를 붙인다

비교 구문 연습

아래 문장을 해석해 보세요.

1   Young adults are as happy as they.
    →

2   Young adults behave as politely as they.
    →

3   There is as much money as she has.
    →

4   Young adults are happier than they.
    →

5   The girls are more beautiful than they.
    →

6   The man behaves more politely than they.
    →

※ 정답과 해설은 p.364.

7   Steam turbines weigh less than piston engines that produce the same amount of power.

→

8   The new phone system is able to hold far more messages than the old phone system.

→

9   She makes much higher grades than her sisters; however, they are still more sociable than she is.

→

10 Young adults are the happiest of all.

→

11 The girls are the most beautiful in the class.

→

12 She is the most beautiful girl that I have ever met.

→

13 When completed, the new plant will be the largest facility of its kind in the nation.

→

친절한 **윤쌤**의 해설 & 정답

PRACTICE ❶

1 The student finds social media platform.
   S   V
   → 그 학생은 소셜미디어 플랫폼을 발견한다.

2 The company ships the goods to the city.
   S   V
   → 그 회사는 그 상품들을 그 도시로 운송한다.

3 The train starts from London on time.
   S   V
   → 그 기차는 런던에서 제시간에 출발한다.

4 Directors film the show in New York.
   S   V
   → 감독'들'이 그 쇼를 뉴욕에서 촬영한다.

5 The earth turns around the sun.
   S   V
   → 지구는 태양 주위를 돈다.

6 Humans travel on water.
   S   V
   → 인간(들)은 물로 이동한다.

PRACTICE ❶

1 **go**
   He goes home. → 그는 집에 간다. (1형식)
   The tire went flat. → 타이어가 펑크가 났다.
   (2형식)

2 **fall**
   He fell ill. → 그는 아프게 되었다. (2형식)
   The snow falls fast. → 눈이 빠르게 떨어진다.
   (1형식)

3 **run**
   He ran forward. → 그는 앞쪽으로 달렸다.
   (1형식)
   Her blood runs cold. → 그녀의 피는 차가워
   진다. (2형식)

4 **get**
   Jane got there. → Jane은 거기로 갔다. (1형식)
   Tom got drunk. → Tom은 취했다. (2형식)

5 **become**
   The book became useless. → 그 책은 쓸모
   없어졌다. (2형식)

6 **come**
   John came here. → John은 여기에 왔다.
   (1형식)
   This handle came loose. → 이 손잡이가 느슨
   해졌다. (2형식)

7 **grow**
   John grew. → John은 성장했다. (1형식)
   John grows old. → John은 늙어 가고 있다.
   (2형식)

8 **turn**
   Hc turned left. → 그는 왼쪽으로 돌았다.
   (1형식)
   The weather turned cold. → 날씨가 차가워
   졌다. (2형식)

9 **be**
   God is. → 신은 있다. (1형식)

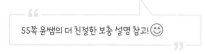
55쪽 윤쌤의 더 친절한 보충 설명 참고! ☺

   The man is happy. → 그 남자는 행복하다.
   (2형식)

10 **remain**
   The foreigner remains abroad. → 그 외국인
   은 해외에 남아 있다. (1형식)
   The students remain silent. → 그 학생들은
   침묵하고 있다. (2형식)

11 keep

You should keep cool. → 당신은 냉정해야만 한다. (2형식)

School keeps today. → 학교는 오늘 지속된다(오늘 수업이 있다). (1형식)

12 lie

Tom lies. → Tom은 누워 있다. (1형식)

The girl lies asleep. → 그 소녀는 (누워서) 잠들어 있다. (2형식)

13 stay

Tom stays here. → Tom은 여기에 머무른다. (1형식)

The weather will stay fine. → 날씨는 좋은 상태일 것이다. (2형식)

14 stand

The tree stands straight. → 나무가 곧게 서 있다. (1형식)

The doors stand open. → 문들이 열린 상태이다. (2형식)

15 hold

The promise holds true. → 약속은 진실인 상태이나. (2형식)

16 look

The man looked seaward. → 그 남자는 바다 쪽으로 (시선을) 향했다. (1형식)

The book looks good. → 그 책은 좋아 보인다. (2형식)

17 taste

This apple tastes sour. → 이 사과는 신맛이 난다. (2형식)

18 smell

The food smells good. → 그 음식은 좋은 냄새가 난다. (2형식)

19 feel

I feel pretty. → 나는 예쁘다는 느낌이 든다. (2형식)

20 sound

The bell sounds. → 그 종이 소리를 낸다. (1형식)

This song sounds strange. → 이 노래는 이상하게 들린다. (2형식)

21 seem

The man seems happy. → 그 남자는 행복해 보인다. (2형식)

22 appear

He appeared suddenly. → 그가 갑자기 나타났다. (1형식)

He appears rich. → 그는 부유해 보인다. (2형식)

23 prove

His effort proved fruitless. → 그의 노력은 성과가 없는 것으로 판명 났다. (2형식)

PRACTICE ❷

1 He proved a traitor. (보어)
→ 그는 배신자로 판명 났다. (2형식)

2 He proved his innocence. (목적어)
→ 그는 그의 결백을 증명했다. (3형식)

3 Tom started.
→ Tom이 출발했다. (1형식)

4 Tom started dinner.
→ Tom은 저녁 식사를 시작했다. (3형식)

5 Jane stopped.
→ Jane이 멈췄다. (1형식)

6 Jane stopped talking.
→ Jane은 말하는 것을 멈췄다. (3형식)

7 John stayed.
→ Jonh이 머무르고 있었다. (1형식)

8 John stayed his steps.
→ John은 그의 걸음을 머무르게 했다(걸음을

멈췄다). (3형식)

PRACTICE ❸

1   The train started. → 기차가 출발했다. (1형식)

2   Our company started a new business. → 우리 회사가 새로운 사업을 시작했다. (3형식)

3   The fall stunned me. → 그 떨어짐(혹은 폭포)이 나를 놀라게 했다. (3형식)

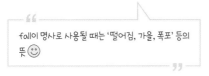
fall이 명사로 사용될 때는 '떨어짐, 가을, 폭포' 등의 뜻 😊

4   They filmed the show. → 그들이 그 쇼를 촬영했다. (3형식)

5   Tom is there. → Tom은 거기에 있다. (1형식)

there는 부사로 '거기에', 1형식에서 be동사는 '있다'로 해석됩니다. 😊

6   Tom is polite. → Tom은 공손하다. (2형식)

7   We get old. → 우리는 늙어 간다. (2형식)

8   She made coffee. → 그녀가 커피를 만들었다. (3형식)

9   The news made him very happy. → 그 소식이 그를 매우 행복하게 만들었다. (5형식)

10 This room would make a nice office. → 이 방은 좋은 사무실이 될 것이다. (2형식)

11 The lady made us coffee. → 그 여성은 우리에게 커피를 만들어 주었다. (4형식)

12 The leaves turned brown. → 그 나뭇잎들이 갈색이 되었다. (2형식)

13 The earth turns slowly. → 지구는 천천히 돈다. (1형식)

14 The police found the child safe and well. → 경찰은 그 아이가 안전하고 건강하다는 것을 발견했다. (5형식)

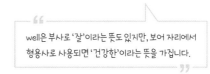
well은 부사로 '잘'이라는 뜻도 있지만, 보어 자리에서 형용사로 사용되면 '건강한'이라는 뜻을 가집니다.

15 We find the lost key fortunately. → 우리는 그 잃어버린 열쇠를 운 좋게 발견한다. (3형식)

궁금증 3

PRACTICE ❶

1   The style departed (from modern dance).
    → 그 스타일은 근대의 춤에서 시작했다.

2   Some people talk (of a speed virus).
    → 어떤 사람들은 스피드 바이러스에 대해 말한다.

3   Anxiety can begin (after three months).
    → 긴장이 3개월 이후 시작될 수 있다.

4   The dragon dance is one (of the most important cultural traditions) (in China).
    → 드래곤 댄스는 중국의 가장 중요한 문화적 전통 중 하나이다.

5   They had their future (at risk).
    → 그들은 위험에 처해 있는 그들의 미래를 가지고 있었다. (그들의 미래가 위험에 처해 있었다.)

6 These performances require the participation (of several dancers).
→ 이 공연들은 여러 댄서들의 참여를 요구한다.

7 I saw the first botanical garden (in the United States).
→ 나는 미국에 있는 첫 식물원을 보았다.

8 Yellow dust storms spread out (over Asia).
→ 황사 폭풍이 아시아 전역에 퍼졌다.

9 The authorities can deny millions (of people) access (to the right).
→ 당국은 수백만 명의 사람들에게 그 권리에 대한 접근을 인정해 줄 수 없다.

10 (Because of the tremendous distances) (between stars), the changes are barely perceptible here.
→ 별들 사이의 엄청난 거리 때문에 그 변화는 여기서 거의 감지할 만하지 않다.

11 The ozone layer absorbs much (of the Sun's ultraviolet radiation).
→ 오존층이 태양의 자외선의 많은 부분을 흡수한다.

PRACTICE ❷

1. on

1 I put the box on the table.
→ 나는 그 상자를 테이블 위에 놓았다.

2 You must put this cream on your face.
→ 당신은 이 크림을 당신의 얼굴에 붙여야 한다 (발라야 한다).

3 I put coffee on the shopping list.
→ 나는 쇼핑 목록에 커피를 놓았다(쇼핑할 것들 중 커피가 있다).

4 I put on gloves / the hat / the shoes.
→ 나는 장갑을 낀다. / 모자를 쓴다. / 신발을 신

는다.

5 I don't understand how he put on the play.
→ 나는 그가 연극을 어떻게 하는지를 이해하지 못한다.

6 I go there on foot.
→ 나는 걸어서 거기에 간다.

7 I am on a trip in America.
→ 나는 미국에서 여행 중이다.

8 I am on the computer.
→ 나는 컴퓨터를 하고 있는 중이다.

9 the book on the desk.
→ 책상 위에 책

10 I stand on the hill.
→ 나는 언덕 위에 서 있다.

11 I bestow the award _____ him.
(A) to   (B) on   (C) for

12 I am hooked _____ the book.
(A) on   (B) into   (C) for

on vs off

13 get on the bus / get off the bus
→ 버스에 타다 / 버스에서 내리다

14 get on the train / get off the train
→ 기차를 타다 / 기차에서 내리다

cf) get in the taxi → 택시에 타다
get out the taxi → 택시에서 내리다

15 turn on the radio / turn off the radio
→ 라디오를 켜다 / 라디오를 끄다

16 I turn on the stage.
→ 나는 무대 위에서 돈다.

17 online / offline
→ 인터넷에 연결됨 / 인터넷이 끊김

18 kick off
→ 시작하다

19 Keep off the grass.
→ 잔디에 들어가지 마시오.

20 on duty / off duty
→ 업무 중 / 비번(쉬는 중)

2. of

1 a leg of the table → 탁자의 다리

2 the top of the hill → 언덕의 꼭대기

3 the role of the teacher → 선생님의 역할

4 the works of Milton → Milton의 작품들

5 I deprive him of money.
→ 나는 그에게서 돈을 빼앗는다.

6 I cure him of his disease.
→ 나는 그의 질병을 치료한다.

7 I clear my desk of papers.
→ 나는 내 책상에서 서류를 제거한다.

8 I strip a tree of its bark.
→ 나는 나무의 껍질을 벗긴다.

9 one of the people → 그 사람들 중 한 명
some of the people → 그 사람들 중 몇 명
most of the people → 그 사람들 중 대부분
all of the people → 그 사람들 모두

10 this time of the day → 하루 중 이맘 때

11 Water consists of hydrogen and oxygen.
→ 물은 수소와 산소로 구성되어 있다.

12 a cup of water → 한 잔의 물

13 a can of juice → 한 캔의 주스

14 a pack of milk → 한 팩의 우유

15 a bottle of wine → 한 병의 와인

16 I think of the idea.
→ 나는 그 아이디어에 대해 생각한다

cf) speak of → ~에 대해 말하다
dream of → ~에 대해 꿈꾸다
complain of → ~에 대해 불평하다

17 I am proud of working here.
→ 나는 여기서 일하는 것에 대해 자부심이 있다.

18 I am fond of music.
→ 나는 음악을 좋아한다.

19 I am doubtful of its truth.
→ 나는 그것의 진실에 대해 의심이 있다(진실을 의심한다).

20 I am afraid of meeting her.
→ 나는 그녀를 만나는 것에 대해 두려워한다(만나는 것이 두렵다).

21 I rob _____.
(A) him of money   (B) money of him

3. about

1 I think about the idea.
→ 나는 그 아이디어에 대해서 생각한다.

2 It costs about $10.
→ 그것은 약 10달러의 비용이 든다.

3 The film is about to begin.
→ 영화가 막 시작하려던 참이다.

4 He walks about the town.
→ 그는 그 마을 주변을 걷는다.

5 It is the book about the flowers.
→ 이건 꽃들에 관한 책이다.

6 They waited for about an hour.
→ 그들은 약 한 시간 동안을 기다렸다.

7 It's about 5 o'clock.
→ 5시쯤이다.

8 It's about time to start.
→ 거의 출발할 시간이 되었다.

9 We are about to eat dinner.
→ 우리는 막 저녁 식사를 하려던 참이다.

4. against

1 We fight against the enemy.
→ 우리는 그 적에 반대하여 싸운다.

2 She was forced to marry against her will.
→ 그녀는 자기의 의지와 반대로 결혼할 것을 강요당했다.

3 He leaned against the wall.
→ 그는 벽에 기댔다.

4 She bounced the ball against the wall.
→ 그녀는 벽에 공을 튕겼다.

5 The rain beats against the window.
→ 그 비는 창문에 부딪친다.

6 We swim against the current.
→ 우리는 물의 흐름을 거슬러 수영한다.

7 We are playing against the league champions.
→ 우리는 그 리그 챔피언에 맞서 플레이하고 있다.

8 You have to save money against retirement.
→ 당신은 퇴직에 대비하여 돈을 절약해야만 한다.

9 The pearl looked good against her tanned neck.
→ 그 진주가 그녀의 햇볕에 탄 목과 대비되어 좋아 보였다.

against vs for

10 Are you for or gainst the death penalty?
→ 당신은 사형제도에 찬성하는가 혹은 반대하는가?

11 The jury found for the plaintiff. / The jury found against the plaintiff.
→ 그 판사가 원고에게 유리한 판결을 내렸다. / 그 판사가 원고에게 불리한 판결을 내렸다.

5. to

1 He gave a book to me.
→ 그는 책 한 권을 나에게 줬다.

2 I got to the station.
→ 나는 그 역에 도착했다.

3 I walked to the office.
→ 나는 그 사무실로 걸어갔다.

4 The cup fell to the ground.
→ 그 컵이 땅으로 떨어졌다.

5 He went to the house.
→ 그는 그 집으로 갔다

6 I ate to my heart's content.
→ 나는 내가 만족하는 수준까지 식사를 했다(마음껏 먹었다).

7 Drink it toe the last drop.
→ 그것을 마지막 한 방울까지 마셔라.

8 The hams were cooked to perfection.
→ 그 햄들은 완벽하게 요리되었다.

9 He pulled it to the extent of his power.
→ 그는 그것을 그의 힘이 닿는 데까지 끌어당
겼다.

10 I go to school.
→ 나는 학교에 간다.

11 He was shot to death.
→ 그는 총에 맞아 죽었다.

12 He was married to her.
→ 그는 결혼해서 그녀에게로 갔다(그녀와 결혼
했다).

13 The man tore the letter to pieces.
→ 그 남자는 편지를 조각조각 찢어 버렸다.

14 The letter reduced her to tears.
→ 그 편지에 그녀는 눈물을 흘렸다.

15 I worked from 9 o'clock to 6 o'clock.
→ 나는 9시 정각에서 6시 정각까지 일했다.

6. in vs at

1 (in / at) morning

2 (in / at) afternoon

3 (in / at) evening

4 (in / at) dawn

5 (in / at) noon

6 (in / at) midnight

7 (in / at) 60km/60kg/9 o'clock

7. up

1 She turned the volume up.
→ 그녀는 볼륨을 올렸다.

2 Prices are still going up.
→ 가격이 여전히 오르고 있는 중이다.

3 Pull up a weed.
→ 잡초를 위로 당기다(뽑다).

4 I ate up the cake.
→ 나는 케이크를 다 먹었다.

5 I drank up a cup of juice.
→ 나는 주스 한 잔을 다 마셨다.

6 I clean up my room.
→ 나는 내 방을 다 치운다.

7 I don't give up hope.
→ 나는 희망을 포기하지 않는다.

8 I set up the computer.
→ 나는 그 컴퓨터를 설치했다.

9 I paid up all my debts.
→ 나는 내 빚을 청산한다.

10 I used up all the toilet paper.
→ 나는 휴지를 다 써 버렸다.

11 The restaurant is booked up.
→ 그 레스토랑은 예약이 다 되어 있다.

12 Some people dress up and have a party.
→ 몇몇 사람들은 옷을 차려입고 파티를 가진다.

13 We need one more player to make up a team.
→ 팀 하나를 완성시키기 위해 우리는 한 명의 플
레이어가 더 필요하다.

14 Don't make up the stories.
→ 이야기를 만들어 내지 마(꾸며 내지 마).

15 We need to make up.
→ 우리는 화장을 할 필요가 있다.

PRACTICE ❶

1 They collect <u>wood</u>.
→ 그들은 목재를 모은다. (wood : [U] 목재)

2 She walks in the <u>woods</u>.
→ 그녀는 그 숲에서 걷는다. (woods : [C] 숲)

woods는 나무가 모여서 이루는 '숲', 따라서 가산명사

3 Man fears <u>fire</u>.
→ 인간은 불을 두려워한다. (fire : [U] 불)

4 <u>A fire</u> broke out last night.
→ 지난밤 화재가 발생했다. (a fire : [C] 화재)

fire가 '불로 일어난 사건'이라는 뜻일 때는 가산명사

5 She has <u>authority</u> over the people.
→ 그녀는 그 사람들에 대한 권한을 가지고 있다.
(authority : [U] 권한)

6 The <u>authorities</u> investigated the problem.
→ 당국은 그 문제를 조사했다. (authorities : [C] 당국)

authority가 '모여서 권리를 가지고 있는 집단'이라는 뜻으로 쓰일 때는 가산명사

7 They bought precious <u>cloth</u>.
→ 그들은 귀중한 천을 구매했다. (cloth : [U] 천)

8 He wears the <u>clothes</u>.
→ 그는 그 옷을 입는다. (clothes : [C] 옷)

cloth(천)가 모여서 옷이 되기 때문에 복수형 clothes로 쓰이면 '옷'이라는 뜻의 가산명사

PRACTICE ❷

1 <u>Korea, Japan, and China</u> are located in Asia.
→ 한국, 일본, 중국은 아시아에 위치하고 있다.

국가명은 기본적으로 정할 필요가 없어서 관사를 사용하지 않아요!

2 This music originated in <u>the Netherlands</u>.
→ 이 음악은 네덜란드에서 유래했다.

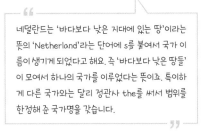

네덜란드는 '바다보다 낮은 지대에 있는 땅'이라는 뜻의 'Netherland'라는 단어에 s를 붙여서 국가 이름이 생기게 되었다고 해요. 즉 '바다보다 낮은 땅들'이 모여서 하나의 국가를 이루었다는 뜻이죠. 특이하게 다른 국가와는 달리 정관사 the를 써서 범위를 한정해 준 국가명을 갖습니다.

3 Many people study in <u>the Philippines</u>.
→ 많은 사람들이 필리핀에서 공부한다.

필리핀은 섬 국가로 정확하게는 '필리핀 제도'라고 부르고 있어요. 이 나라 역시 'Philppin'이라는 섬들이 모여서 국가를 이루었기 때문에 네덜란드처럼 국가명에 the를 붙여 줍니다.

4 Mt. Halla in Jeju Island is beautiful.
   → 제주도에 있는 한라산은 아름답다.

> 섬 이름이나 산 이름도 관사를 붙이지 않는 게 보통이
> 에요. 🙂

5 I know the Hawaiian Islands.
   → 나는 하와이 제도를 알고 있다.

> 섬 이름에는 보통 the를 붙이지 않지만 하와이는 여
> 러 섬들이 모여 '제도'를 이루고 있기 때문에 the가
> 붙고 island에 s를 붙여서 복수형으로 사용하고 있습
> 니다.

6 The Rocky Mountains are really big.
   → 로키산맥은 정말 크다.

> 같은 맥락이에요. 산 이름에는 보통 the를 붙이지 않
> 지만 산들이 이어져서 통째로 산맥이 된 것이므로
> the가 붙고 명사에 s를 붙여 복수형이 됩니다.

7 Loch Ness is the largest lake in the United
   Kingdom.
   → 네스호는 영국에서 가장 큰 호수입니다.

> 호수 이름에는 관사가 붙지 않고, the largest lake
> 는 최상급이므로 the가 붙었습니다. the United
> Kingdom에 the가 붙은 이유는, 영국이 4개의 국가
> (England, Wales, Scotland, Northern Ireland)
> 가 연합한 형태이기 때문입니다.

8 The Civil War emancipated black slaves.
   → 미국 남북전쟁은 흑인 노예들을 해방했다.

> civil war는 '내전'이라는 뜻으로 일반적으로 쓰일 때
> 는 부정관사 a가 붙습니다. 여기서는 특별히 미국에
> 서 있었던 남북전쟁을 가리키기 위해 civil war를 대
> 문자로 쓰고 the를 붙였어요. 백악관(The White
> House)과 같은 원리라고 보면 좋겠죠?

9 A civil war broke out in the country.
   → 내전이 그 나라에서 발발했다.

10 The Pentagon announced shocking news.
   → 미 국방부는 충격적인 소식을 알렸다.

> pentagon은 '오각형'이라는 뜻인데 여기서는 미 국
> 방부의 건물 모양에서 따온 이름을 뜻하는 것이므로
> the를 붙이고 대문자로 써서 '미 국방부'라는 뜻이 되
> 었습니다.

11 I draw a perfect pentagon.
   → 나는 완벽한 오각형을 그린다.

> 지금까지의 예문들은 '원칙상 그렇다'는 것인데, 실
> 제로 보면 관사는 문장 내에서 자주 누락되곤 해요.
> 그래서 공부하다 보면 관사를 써야 하는 경우에 관
> 사가 없거나 하는 경우를 자주 만날 수 있으니 그럴
> 때는 그냥 '아, 그냥 안 쓰고 넘어갔네.' 하고 생각해
> 주시면 됩니다. 어디까지나 원칙은 그렇다는 것!

PRACTICE ❶

1. sleep : 잠을 자다(자동사)

몇 형식인지는 크게 신경 쓰지 마세요. 😊

1 〈Sleeping in the bed〉 is good (for health).
        S   V   C
(2형식) – 동명사
→ 침대에서 자는 것은 건강에 좋다.

2 I like 〈sleeping in the bed〉.
 S V   O
(3형식) – 동명사
→ 나는 침대에서 자는 것을 좋아한다.

3 My hobby is 〈sleeping in the bed〉.
    S   V   C
(2형식) – 동명사
→ 나의 취미는 침대에서 자는 것이나.

4 (By 〈sleeping in the bed〉), I feel comfortable.
                              S V   C
(2형식) – 동명사
→ 침대에서 자는 것에 대하여 나는 편안하다고 느낀다.

5 My sleeping son looks happy.
            S   V   C
(2형식) – 분사
→ 나의 자고 있는 아들은 행복해 보인다.

6 The man (sleeping in the bed) is Tom.
 S   V C
(2형식) – 분사
→ 침대에서 자고 있는 그 남자는 Tom이다.

7 This is the man (sleeping in the bed).
  S V   C
(2형식) – 분사

→ 이 사람은 침대에서 자고 있는 남자다.

8 The man is sleeping (in the bed).
   S   V   C
(2형식) – 분사(보어)
→ 그 남자는 침대에서 자고 있다(있는 중이다).

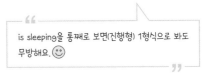

is sleeping을 통째로 보면(진행형) 1형식으로 봐도 무방해요. 😊

9 I found the man sleeping (in the bed).
 S V   O   C
(5형식) – 분사(보어)
→ 나는 그 남자가 침대에서 자고 있는(있는 중인) 것을 발견했다.

10 (Sleeping in the bed), he dreamed.
                          S   V
(1형식) – 분사구문
→ 침대에서 잠을 자면서, 그는 꿈을 꿨다.

11 The man, (sleeping in the bed), dreamed.
   S   V
(1형식) – 분사구문
→ 그 남자는 침대에서 잠을 자며 꿈을 꿨다.

12 The man dreamed, (sleeping in the bed).
   S   V
(1형식) – 분사구문
→ 그 남자는 꿈을 꿨다, 침대에서 잠을 자며.

2. to 부정사

1 My ambition is 〈to become a pilot〉.
      S   V   C
– 명사적 용법
→ 내 야망은 파일럿이 되는 것이다.

2 The only way (to master a language) is
       S   V

constant practice.
     C
– 형용사적 용법

→ 언어를 마스터하는 유일한 방법은 꾸준한 연습이다.

3 The next train (to arrive at this platform)
　　S

is bound (for New York).
　　V

– 형용사적 용법(bound = 분사)

→ 이 플랫폼에 도착할 다음 열차는 뉴욕을 향한다(뉴욕을 향하는 것에 묶여져 있다).

is를 동사로, bound를 보어로 봐도 무방해요. 😊

4 (To become a lawyer), you should work
　　　　　　　　　　　　　　S　　　V
(harder).

– 부사적 용법

→ 변호사가 되기 위해 너는 더 열심히 공부해야만 한다.

5 She turned the chair (on its side) (to repair it).
　　S　　V　　　O

– 부사적 용법

→ 그녀는 의자를 고치기 위해 옆면으로 돌렸다.

PRACTICE ❷

1 She finished smoking.
　→ 그녀는 담배 피우는 것을 끝냈다.

2 I want to borrow your umbrella from you.
　→ 나는 당신으로부터 우산을 빌리기를 원한다.

3 I hate doing exams.
　→ 나는 시험을 치르는 것을 싫어한다.

4 People desire to live in the north of the country.
　→ 사람들은 그 나라의 북쪽에서 살기를 원한다.

5 She abandoned writing the book.
　→ 그녀는 그 책을 쓰는 것을 그만뒀다.

6 The manager would like to apologize for the delay.
　→ 그 매니저는 늦은 것에 대해 사과하기를 원한다.

7 They avoided answering my questions.
　→ 그들은 내 질문에 대답하는 것을 피했다.

8 I refuse to take part in anything illegal.
　→ 나는 불법적인 어느 것이든 참여하기를 거부한다.

9 The divers hoped to unlock some secrets of the sea.
　→ 그 다이버들은 몇몇 바다의 비밀을 풀어내기를 희망했다.

10 He decided to build a snow-making machine.
　→ 그는 눈을 만들어 내는 기계를 만들기로 결정했다.

11 She pretends to understand all.
　→ 그녀는 모든 것을 이해하는 척한다.

12 He gave up teaching three years ago.
　→ 그는 3년 전에 가르치는 것을 포기했다.

13 She minded getting the job.
　→ 그녀는 그 직장을 얻기를 꺼렸다.

PRACTICE ❸

1 Teaching children requires tact. (동명사)
　　S　　　　　V　　　O

→ 아이들을 가르치는 것은 요령을 요구한다.

2 The candidates can delay answering these
　　S　　　　　　V　　　　O
difficult questions. (동명사)

→ 그 후보자들은 이러한 어려운 질문에 대답하는 것을 미룰 수 있다.

3 I missed catching the train (to Shanghai).
　S　V　　　　O

(동명사)

→ 나는 상하이로 향하는 기차를 잡지 못했다.

4 Using nuclear weapons was one
           S   V   C

(of the first military options). (동명사)

→ 핵무기를 사용하는 것은 첫 번째 군사적 옵션들 중 하나였다.

5 Look (at the rising sun). (분사)
   V

→ 떠오르는 태양을 봐라.

6 They can not achieve this amazing feat. (분사)
    S   V   O

→ 그들은 이 놀라운 업적을 이뤄 낼 수 없다.

7 We can buy a paper (containing the news)
   S   V   O

(of the world) (for a dime). (분사)

→ 우리는 1다임으로 세계에 대한 뉴스를 포함하고 있는 신문을 구매할 수 있다.

8 The girl (wearing a blue hat) is (very) pretty.
   S   V   C
(분사)

→ 파란 모자를 쓰고 있는 그 소녀는 매우 예쁘다.

PRACTICE ❹

1 He expected her (becoming / to become) a writer.

→ 그는 그녀가 작가가 되기를 기대했다.

2 She felt something (to crawl / crawling) up her leg. (지각동사)

→ 그녀는 무언가가 자기의 다리 위로 기어오르고 있는 (중인) 것을 느꼈다.

3 She could hear a dog (to bark / barking). (지각동사)

→ 그녀는 개가 짖고 있는 (중인) 것을 들을 수 있었다.

4 They made us (to work / work) for 12 hours a day. (사역동사)

→ 그들은 우리를 하루에 12시간 동안 일하게 했다.

5 She had a driver (to bring / bring) her car. (사역동사)

→ 그녀는 기사를 시켜 자기의 자동차를 가지고 오게 했다.

6 Let him (to go / go). (사역동사)

→ 그가 가게 (내버려) 두어라.

7 I want my father (stopping / to stop) smoking.

→ 나는 내 아버지가 담배 피우는 것을 멈추기를 원한다.

8 I saw him (to drive / drive) my car yesterday. (지각동사)

→ 나는 그가 어제 내 자동차를 운전하는 것을 봤다.

9 She wanted the room (to clean / clean / cleaned) before dinner.

→ 그녀는 그 방이 저녁 식사 이전에 치워지기를 원했다.

10 He saw the window (break / broken). (지각동사)

→ 그는 창문이 부서지는 것을 봤다.

궁금증 6

PRACTICE ❶

1 The seed (planted in the earth) can grow. (p.p)
   S   V

→ 땅에 심어져 있는 그 씨앗이 자라날 수 있다.

2 We planted tomatoes in the garden. (Ved)
   S   V

→ 우리는 정원에 토마토를 심었다.

3 No one found a solution to this problem. (Ved)
   S   V   O
   → 어느 누구도 이 문제에 대한 해결책을 발견할
     수 없었다.

4 All paper contains cellulose (found in all
   S   V   O
   plants). (p.p)
   → 모든 종이는 모든 식물 안에서 발견되는 셀룰
     로오스를 포함하고 있다.

5 Han-geul (invented in 1446) has 24 letters. (p.p)
   S   V
   → 1446년에 발명된 한글은 24개의 철자를 가
     지고 있다.

6 The person invented the steam engine. (Ved)
   S   V   O
   → 그 사람은 스팀 엔진을 발명했다.

7 I used the building as a warehouse. (Ved)
   S V   O
   → 나는 그 건물을 창고로 사용했다.

8 The building (used as a warehouse) is mine. (p.p)
   S   V C
   → 창고로 사용되는 그 건물은 내 것이다.

PRACTICE ❷

1 The seed was planted in the earth.
   → 그 씨앗이 땅에 심어졌다.

2 The problem was solved by him.
   → 그 문제는 그에 의해 해결되었다.

3 The pen was made in the factory.
   → 그 펜은 공장에서 만들어졌다.

4 The man looked neglected.
   → 그 남자는 무시당하는 것처럼 보였다.

have+p.p 미리 보기!

have 뒤에 p.p가 오는 경우 '동사의 완료형'이라고
해서 동작의 완료를 나타낼 때 사용하는 동사의 일부
예요.

I have lived here. 나는 여기에서 살아오고 있다.

이것은 시제 파트에서 자세히 다룰 테니 지금 당장은
have + p.p 형태는 과거에 있었던 일이 지금에 영향을
끼치는 상황을 나타낼 때 사용한다고만 알아 두세요.
그 외에는 본문에서 설명한 것처럼 p.p는 수동의 의미
를 지니고 있는 형용사로만 알고 있으면 충분합니다!

PRACTICE ❸

1 We published the first scientific textbook.
   → The first scientific textbook was pub-
     lished (by us).
     첫 과학 교과서가 (우리에 의해) 출판되었다.

2 He chooses the road.
   → The road is chosen (by him).
     그 길은 (그에 의해) 선택된다.

3 I kicked the ball.
   → The ball was kicked (by me).
     그 공은 (나에 의해) 차졌다.

4 Thomas Edison invented this machine.
   → This machine was invented (by Thomas
     Edison).
     이 기계는 (Thomas Edison에 의해) 발명되
     었다.

5 Tom uses the computer.
   → The computer is used (by Tom).
     그 컴퓨터는 (Tom에 의해) 사용된다.

PRACTICE ❹

1 I told him the story.
   → He was told the story (by me).
   그는 (나에 의해) 그 이야기를 전해 들었다.

> tell이 '말해 주다'라는 뜻이기 때문에 여기서 him은
> 이야기를 '전해 듣는' 입장이 됩니다. 그래서 be told
> 가 '듣다'라고 해석이 되는 거죠. 반면 say의 경우는
> '말하다'의 뜻으로 목적어가 하나만 나오기 때문에
> '듣다'가 아니라 '말해진다'로 해석! ☺
>
> I say that. 나는 그것을 말한다.
>   → That is said (by me). 그것이 나에 의해 말해
> 진다.

2 The institution awarded him the prize money.
   → He was awarded the prize money (by the institution).
   그는 (그 기관에 의해) 그 상금을 받았다.

3 I make him happy.
   → He is made happy (by me).
   그는 (나로 인해) 행복해진다.

4 People found the soldier safe.
   → The soldier was found safe (by people).
   그 군인은 (사람들에 의해) 안전한 상태로 발견되었다.

5 They considered the therapy to be effective in eye disease.
   → The therapy was considered to be effective in eye disease (by them).
   그 치료법은 (그들에 의해) 눈 질병에 효과적인 것으로 여겨졌다.

PRACTICE ❺

1 I was disappointed at his lack of courage.
   → 나는 그의 용기의 부족에 실망했다.

2 I was embarrassed at his abrupt question.
   → 나는 그의 갑작스런 질문에 당황했다.

3 The man is opposed to the plan.
   → 그 남자는 그 계획에 반대한다.

4 He was tired of hamburger.
   → 그는 햄버거에 지쳐 버렸다(진절머리가 났다).

5 He was amazed at the story.
   → 그는 그 이야기에 놀랐다.

궁금증 7

PRACTICE ❶

1 The important thing is 〈that the dance is one of traditions〉. (that절이 명사 역할 – 보어로 사용)
   → 중요한 것은 그 춤이 전통 중에 하나라는 것이다. (that '~라는 것'으로 해석)

2 I have a book (that makes me interested). (that절이 형용사 역할 – a book 수식)
   → 나는 나를 흥미롭게 만들어 주는 책을 가지고 있다. (that '~ㄴ'으로 해석)

3 〈That he came back yesterday〉 is certain. (that절이 명사 역할 – 주어로 사용)
   → 그가 어제 돌아왔다(라)는 것은 확실하다. (that '~라는 것'으로 해석)

4 (If you turn to the left), you will find the office. (if절이 부사절[조건]로 사용)
   → 만약 당신이 왼쪽으로 돌면 당신은 그 사무실을 발견할 것이다.

5 A man (who makes no mistakes) makes nothing. (who절이 형용사 역할 – a man 수식)
   → 실수를 하지 않는 사람은 아무것도 하지 못한다. (who '~ㄴ'으로 해석)

6 He was absent (because he was ill).
(because절이 부사절[이유]로 사용)
→ 그는 (그가) 아팠기 때문에 결석했다.

7 The man, (although fast food isn't healthful),
eats it. (although절이 부사절[양보]로 사용)
→ 그 남자는 패스트푸드가 건강에 좋지 않아도
그것을 먹는다. (although '~라 할지라도'로
해석)

8 I don't know 〈when it began to rain〉. (when
절이 명사 역할 – 목적어로 사용)
→ 나는 언제 비가 내리기 시작했는지를 모른다.
(when '언제 ~인지'로 해석)

9 The doll (which we bought for her) is really
good. (which절이 형용사 역할 – the doll 수식)
→ 우리가 그녀를 위해 구매했던 그 인형은 정말
로 좋다. (which '~ㄴ'으로 해석)

10 I know 〈that he came back yesterday〉. (that
절이 명사 역할 – 목적어로 사용)
→ 나는 그가 어제 돌아왔다는 것을 안다. (that
'~라는 것'으로 해석)

11 The time 〈when it began to rain〉 is import-
ant. (when절이 형용사 역할 – the time 수식)
→ 비가 내리기 시작했던 그 시간은 중요하다.
(when '~ㄴ'으로 해석)

12 〈What is important〉 is money. (what절이 명
사 역할 – 주어로 사용)
→ 중요한 것은 돈이다. (what '~ 것'으로 해석)

13 (When it began to rain), we started to run.
(when절이 부사절[시간]로 사용)
→ 비가 내리기 시작했을 때 우리는 달리기 시작
했다. (when '~때'로 해석)

PRACTICE ❷

1 I don't know 〈who likes me〉. (의문사절 who
는 명사 역할 – 목적어로 사용)
→ 나는 누가 나를 좋아하는지 모른다. (who '누

가 ~인지'로 해석)

2 The man (who likes me) is Tom. (관계사절
who는 형용사 역할 – the man을 수식)
→ 나를 좋아하는 그 남자는 Tom이다.

3 〈What I want〉 is money. (관계사절 what은 명
사 역할 – 주어로 사용)
→ 내가 원하는 것은 돈이다. (what '~는')

4 I don't know 〈what I want〉. (의문사절 what은
명사 역할 – 목적어로 사용)
→ 나는 내가 무엇을 원하는지 모른다. (what '무
엇 ~인지', 이 문장에서는 '~것'(관계사)으로 해
석해도 무방)

5 I don't know 〈what book I want〉. (의문사절
what은 명사 역할 – 목적어로 사용)
→ 나는 내가 어떤 책을 원하는지 모른다. (what
'어떤 ~(가/을) ~인지')

> what 뒤에 명사가 올 경우 what을 '어떤'으로 해석
> 합니다. 이 경우 what 뒤에 나오는 명사까지 잡고 그
> 뒤에 '~인지'라는 말에 해당하는 내용이 나오게 됩니
> 다. 앗! what 대신 which를 쓰는 경우도 있는데 이때
> which도 '어떤'으로 해석해요. 둘의 차이는 범위를 주
> 고 선택하는 개념이면 which, 그런 게 없으면 what을
> 쓰는 정도인데, 여기까지는 몰라도 무방합니다. ☺

6 I don't know 〈what book he will buy〉. (의문
사절 what은 명사 역할 – 목적어로 사용)
→ 나는 그가 어떤 책을 구매할지 모른다. (what
'어떤 ~(가/을) ~인지')

7 The book (which looks expensive) sells well.
(관계사절 which는 형용사 역할 – the book을 수
식)
→ 비싸 보이는 그 책은 잘 팔린다. (which '~ㄴ')

8 We know 〈which of the three is important〉.
(의문사절 which는 명사 역할 – 목적어로 사용)
→ 우리는 셋 중에 어느 것이 중요한지 알고 있
다. (which '어느 것 ~인지')

9 The place (where I live) is Seoul. (관계사절 where는 형용사 역할 – the place를 수식)
→ 내가 사는 그 장소는 서울이다. (where '~ㄴ')

10 I don't know ⟨where he lives⟩. (의문사절 where는 명사 역할 – 목적어로 사용)
→ 나는 그가 어디서 사는지 모른다. (where '어디서 ~인지')

11 ⟨When he came here⟩ is not known. (의문사절 when은 명사 역할 – 주어로 사용)
→ 그가 언제 여기에 왔는지는 알려져 있지 않다. (when '언제 ~인지')

12 The time (when he came here) is uncertain. (관계사절 when은 형용사 역할 – the time을 수식)
→ 그가 여기에 왔던 그 시간은 불확실하다. (when '~ㄴ')

13 The reason (why he is happy) makes me happy too. (관계사절 why는 형용사 역할 – the reason을 수식)
→ 그가 행복한 이유는 나 역시 행복하게 만든다. (why '~ㄴ')

14 I don't know ⟨how he will work⟩. (의문사절 how는 명사 역할 – 목적어로 사용)
→ 나는 그가 어떻게 일할지를 모른다. (how '어떻게 ~인지')

15 I don't know ⟨how hard he will work⟩. (의문사절 how는 명사 역할 – 목적어로 사용)
→ 나는 그가 얼마나 열심히 일할지를 모른다. (how '얼마나 ~인지')

> how는 뒤에 형용사나 부사를 가지고 나오는 경우가 있는데 이때는 '얼마나'로 해석이 됩니다. 위에서 what은 명사를 데리고 온다고 했죠? 의문사 중에서는 크게 what(which)과 how가 이러한 특별한 형태로 사용되기도 하니 유의하세요!

16 I don't know ⟨how kind he is⟩. (의문사절 how는 명사 역할 – 목적어로 사용)
→ 나는 그가 얼마나 친절한지를 모른다. (how '얼마나 ~인지')

17 John had difficulty locating the man (who called for help). (관계사 who는 형용사 역할 – the man을 수식)
→ John은 도움을 요청했던 그 남자를 찾아내는 데 어려움을 겪었다. (who '~ㄴ')

18 The houses, (where most fire deaths occur), are in the city. (관계사 where는 형용사 역할 – the house를 설명. *계속적 용법)
→ 그 집들은, (그런데) 대부분 화재로 인한 죽음이 발생한 집들인데, 그 도시에 있다.

> 이해를 돕기 위해 관계사 앞에 ','(콤마)가 찍혀 있는 형태로 주로 전달을 했는데, 사실 관계사 앞에 ','가 있는 경우를 계속적 용법, ','가 없는 경우를 제한적 용법이라고 해서 해석 방법이 조금 다릅니다.
>
> This is the man who looks happy.
> → 얘는 행복해 보이는 그 남자다. ← 제한적 용법 ('~ㄴ'으로 앞 명사를 한정해 주는 방식으로 해석)
>
> This is the man, who looks happy.
> → 얘는 그 남자다, (근데 걔는) 행복해 보인다. ← 계속적 용법(풀어 설명하듯이 두 문장처럼 해석)

19 The historic building, (which is located in east side of the city), is really old. (관계사 which는 형용사 역할 – the building을 설명. *계속적 용법)
→ 그 역사적인 건물은, (그런데) 그게 그 도시 동쪽 편에 위치에 있는데, 실제로 오래되었다.

20 He can't speak the language of the country, (in which she lives). (관계사 in which는 형용사 역할 – the country를 설명 *계속적 용법)
→ 그는 그 나라의 언어를 말할 수 없다, (그런데) 그녀는 그 나라에서 살고 있다.

21 The parade, (whose origin is unknown), became a national event for this country. (관계사 whose는 형용사 역할 – the parade를 설명 *계속적 용법)
→ 그 퍼레이드는, (그런데) 그것의 기원이 알려져 있지 않은데, 이 나라의 국가적인 이벤트가 되었다.

궁금증 8

PRACTICE ❶

1 He lives in Seoul.
→ 그는 서울에서 산다.

2 He teaches English.
→ 그는 영어를 가르친다. (직업이 영어선생님이라는 뜻)

3 He keeps his promise.
→ 그는 약속을 지킨다. (성격을 나타냄)

4 I usually get up at six and eat breakfast at seven.
→ 나는 보통 6시에 일어나고 7시에 아침을 먹는다.

5 Nurses look after patients in hospitals.
→ 간호사들은 병원에서 환자들을 돌본다.

6 The sun rises in the east and sets in the west.
→ 태양은 동쪽에서 뜨고 서쪽에서 진다.

7 Water consists of hydrogen and oxygen.
→ 물은 수소와 산소로 구성되어 있다.

8 This plane leaves Seoul for New York at 7 tonight. – 현재시제로 표현된 미래(예정된 미래)
→ 이 비행기는 오늘밤 7시에 서울을 떠나 뉴욕으로 향한다.

9 This plane will leave Seoul for New York.
– 조동사로 표현된 미래(가능성)

→ 이 비행기는 서울을 떠나 뉴욕을 향할 것이다.

PRACTICE ❷

1 Before you cross the street, you should look around.
→ 당신이 거리를 건너기 전에, 당신은 주변을 둘러봐야 한다.

2 He always washes his hands after he arrives home.
→ 그는 집에 도착하고 난 후에 항상 손을 씻는다.

3 If the man goes there, he will find the building.
→ 만약 그 남자가 거기에 가면 그는 그 건물을 발견할 것이다.

4 Unless he and I go together, I will not go there.
→ 만약 그와 내가 함께 가지 않는다면 나는 거기에 가지 않을 것이다.

궁금증 9

PRACTICE ❶

1 He has been ill since last Sunday. – 계속
→ 그는 지난 일요일 이래로 (계속) 아팠다.

2 I have lived here since I was born. – 계속
→ 나는 내가 태어난 이래로 (계속) 여기에서 살았다.

3 There has been a lot of serious talk about a merger lately. – 계속
→ 최근에 합병과 관련한 많은 심각한 대화가 있어 왔다.

4 I have lived in Seoul for about five years. – 계속
→ 나는 약 5년 동안 서울에서 살았다.

5 She has worked in Seoul during the past five years. – 계속
→ 그녀는 지난 5년 동안 서울에서 일해 왔다.

6 He has seen a liger before. – 경험
→ 그는 전에 라이거를 본 적이 있다. (과거부터 지금까지 그런 적이 있다.)

7 She has lost her eyesight. – 결과
→ 그녀는 시력을 잃었다. (그래서 지금은 볼 수 없다.)

8 He has just invented the machine. – 완료
→ 그는 막 그 기계를 발명했다. (발명해 오던 기계를 지금에 와서야 발명을 완료했다.)

PRACTICE ❷

1 I (have live / had lived) here for 10 years, when I met her.
→ 내가 그녀를 만났을 때 나는 10년간 여기서 살고 있었다. (그녀를 만난 건 과거, 그리고 그보다 더 전부터 나는 여기서 살았으니 과거완료.)

2 We (have sold / will have sold) a million computers by next June.
→ 내년 6월까지 우리는 100만 대의 컴퓨터를 판매할 것이다. (아직까지는 100만 대를 팔지 못한 상황이지만, 내년 6월에는 100만 대 판매가 완료되어 있는 상태일 것이므로 미래완료.)

3 I (have seen / will have seen) 「Avengers : Endgame」 three times if I see it once more.
→ 만약 내가 그것(영화 「어벤저스」)을 한 번 더 본다면, 나는 「어벤저스」를 3번 본 상태가 될 것이다. (현재는 2번 본 상황, 미래에 한 번 더 보면 3번이 됨. 현재와 미래가 다 들어가서 미래완료.)

4 He (has just finished / had just finished) his breakfast when she pressed the doorbell.
→ 그녀가 초인종을 눌렀을 때 그는 아침 식사를 막 끝냈다. (초인종을 누른 시점은 과거, 식사는 그 시점보다 앞서 끝났으므로 과거완료.)

PRACTICE ❸

1 (B) 선생님께 꾸짖음을 들은 John은 어제 그 책을 훔쳤다는 것을 인정한다. (인정하는 건 현재 'admits'인데 책을 훔친 시점은 과거 'yesterday'이기 때문에 having+p.p)

2 (B) 그는 2000년에 그녀를 만난 것으로 생각된다. (생각하는 건 현재 'is thought'인데 그녀를 만났던 시점은 과거 'in 2000'이기 때문에 to have+p.p)

3 (A) 그녀는 내년에 미국으로 갈 거라고 여겨진다. (그녀가 갈 거라고 생각하는 시점은 현재 'is believed', 미국으로 가는 것은 내년 'next year'이므로 to R)

4 (B) 셰익스피어는 중세시대에 많은 극작품을 썼다고 여겨진다. (극작품을 쓴 것에 대해 생각하는 시점은 현재 'is considered', 실제 극작품을 쓴 시기는 과거 'in the Middle Ages'이므로 to have+p.p)

PRACTICE ❹

1 My brothers live in Seoul.
→ 나의 형제들은 서울에서 산다.

2 I am living with my sisters until I find a place of my own.
→ 내 집을 구할 때까지 나는 내 여동생들의 집에서 살고 있는 중이다. (자신의 집이 아니라 일시적으로 머무르는 상황이므로 진행)

3 I walked home after the party last night. (단순과거)
→ 지난밤 파티 후 나는 집으로 걸어갔다.

4 I was walking home when I met John. (과거진행)
→ 내가 John을 만났을 때 나는 집으로 걸어가고 있는 중이었다.

5 We will have dinner. (단순미래)

→ 우리는 저녁을 먹을 거야.

6 Don't phone between 8 and 9, **We'll be having dinner.** (미래진행)
  → 8시와 9시 사이에는 전화를 걸지 마. 우리는 저녁을 먹고 있는 중일 거야. (8시와 9시 사이에 일어나는 일시적 상황이기 때문에 진행)

PRACTICE ❺

> 동사의 형태에 따라 부정문/의문문이 만들어지는 방법이 달라져요!

1 He makes a doll.
  → He does not make a doll. 그는 인형을 만들지 않는다. (부정문)
  → Does he make a doll? 그는 인형을 만드니? (의문문)

2 He has made a doll.
  → He has not made a doll. 그는 인형을 만든 적이 없다. (부정문)
  → Has he made a doll? 그는 인형을 만든 적이 있니? (의문문)

3 He can make a doll.
  → He cannot make a doll. 그는 인형을 만들 수 없다. (부정문)
  → Can he make a doll? 그는 인형을 만들 수 있니? (의문문)

4 He is kind.
  → He is not kind. 그는 친절하지 않다. (부정문)
  → Is he kind? 그는 친절하니? (의문문)

> 모두 축약형으로 쓸 수 있어요!
> does not → doesn't / has not → hasn't /
> cannot → can't / is not → isn't

PRACTICE ❶

1 (If I were you), I wouldn't take a holiday in winter. – 가정법과거
  → 내가 너라면 나는 겨울에 휴가를 얻지 않을 텐데(않을 것이다).

> 가정법과거의 be동사는 수 일치와 상관없이 were를 사용하는 게 원칙이에요. 요즘은 점점 was도 쓰고 있는 추세라고 합니다. 이 부분과 관련해서 아래 영상을 참고하시면 좋을 거예요!

2 It would be helpful (if your husband took your concerns more seriously). – 가정법과거
  → 너의 남편이 더 진지하게 너의 걱정거리를 생각한다면 도움이 될 텐데(될 것이다).

> if절이 뒤에 나와도 돼요!

3 (If he were qualified), she could employ him. – 가정법과거
  → 만약 그가 자격을 갖추었다면, 그녀가 그를 고용할 수 있을 텐데(있을 것이다).

4 (If she had taken the airplane), she would have arrived on time. – 가정법과거완료
  → 만약 그녀가 그 비행기를 탔더라면, 그녀는 제시간에 도착했을 텐데(했을 것이다).

5 We might have missed the bus, (if we had walked more slowly). – 가정법과거완료
  → 만약 우리가 더 천천히 걸었더라면, 우리는 버스를 놓쳤을지도 모르는데(놓쳤을지도 모른다).

6 (If Tom had hired someone to do the job yesterday), he might have paid $350. – 가정법과거완료
   → 만약 Tom이 어제 그 일을 할 누군가를 고용했더라면, 그는 350달러를 지불했을 텐데(했을지도 모른다).

가정법과거완료의 if절 시점부사어로 yesterday를 쓴 것을 유의해서 봐 주세요!

7 (If he had not been able to speak French), I would have gone to the police station. – 가정법과거완료
   → 만약 그가 프랑스어를 말하지 못했더라면, 나는 경찰서로 갔을 텐데(갔을 것이다).

8 (If I had worked with him), I would be in the research center now. – 혼합가정법
   → 만약 내가 그와 함께 일했더라면, 나는 지금 연구센터에 있을 텐데(있을 것이다).

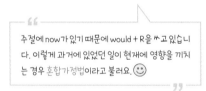

주절에 now가 있기 때문에 would + R을 쓰고 있습니다. 이렇게 과거에 있었던 일이 현재에 영향을 끼치는 경우 혼합가정법이라고 불러요. ☺

9 (If you had studied English harder when you were young), now you could speak English better. – 혼합가정법
   → 만약 당신이 어렸을 때 영어를 더 열심히 공부했더라면, 지금 당신은 영어를 더 잘 말할 수 있을텐데(있을 것이다).

10 (If Napoleon had succeeded in his dream of conquering Europe), the map of the continent would look very different today. – 혼합가정법
   → 만약 Napoleon이 유럽을 정복하고자 하는 그의 꿈을 이뤘더라면, 대륙의 지도가 오늘날 매우 달라 보일 텐데(달라 보일 것이다).

주절에 today가 있어서 혼합가정법!

11 (If she had not died in the war), she would be 35 years old now. – 혼합가정법
   → 만약 그녀가 전쟁에서 죽지 않았더라면, 지금 그녀는 35살일 텐데(35살일 것이다).

주절에 now가 있어서 혼합 가정법!

12 (If you are lucky), you may get a chance to see the sun make an omega shape. – 가정법 현재
   → 당신이 운이 좋으면, 당신은 태양이 오메가 모양을 만드는 것을 볼 기회를 얻지도 모른다.

12~14번까지는 가정법 현재/미래라고 부르는 형태인데, '사실'을 가정하는 것이 아니라 앞으로 일어날 일에 대해 추측해 보는 가정법입니다. 용어는 너무 신경 쓰지 말고, if절이 무조건 가정으로만 사용되는 것은 아니라는 점만 이해해 주세요!

13 (If my boss should call) (while I'm out), please tell her I'll be back. - 가정법 미래(should 가정법)
   → 내가 밖에 나가 있는 동안 혹시라도 보스가 전화를 걸어 온다면, 그녀에게 내가 돌아올 거라는 것을 말해 줘.

명령문은 동사원형으로 시작하는데 이 경우 'you will'이 생략되어 있는 형태입니다.

ex) Open the door! 문 열어!

이 문장은 사실 You will open the door에서 you will이 생략되고 동사원형만 보이는 거예요. 따라서 주절에 will이 있기 때문에 should 가정법이 가능합니다. if절에 should를 쓸 경우 '일어날 확률이 적지만 혹시라도 이런 일이 벌어지면'이라는 어감을 주게 됩니다.

14 (If the sun were to rise in the west), Ms. Kim would marry you right now. – 가정법 미래 (were to 가정법)

→ 만약 태양이 서쪽에서 뜬다면, Ms. Kim은 당신과 즉시 결혼할 것이다.

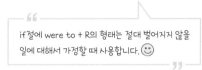

if절에 were to + R의 형태는 절대 벌어지지 않을 일에 대해서 가정할 때 사용합니다. ☺

궁금증 11

PRACTICE ❶

1 An ancient tower stood on the hill.
→ On the hill stood an ancient tower.
언덕 위에 아주 오래된 타워가 서 있었다.

2 A tall tree stood at the summit of the mountain.
→ At the summit of the mountain stood a tall tree.
산의 꼭대기에 큰 나무 하나가 서 있었다.

3 Several old papers were in the box.
→ In the box were several old papers.
상자 안에 여러 개의 오래된 서류들이 있었다.

4 A small cottage was among the forests.
→ Among the forests was a small cottage.
그 숲 사이에 작은 오두막집 하나가 있었다.

5 The house where my grandmother lives is over the river and through the woods.
→ Over the river and through the woods is the house where my grandmother lives.
그 강을 넘고 숲을 지나서 할머니가 사시는 집이 있다.

6 No man in this room is there.
→ There is no man in this room.
이 방에는 어떤 사람도 없다. (there는 보통 해석 ×)

7 Few words that the students will understand are there.
→ There are few words that the students will understand.
그 학생들이 이해할 말들이 거의 없다. (few는 '거의 ~없는'으로 부정의 의미)

8 The document was so old that it was scarcely readable.
→ So old was the document that it was scarcely readable. (so~that 구문에서의 도치)
그 문서는 너무 오래되어서 거의 읽을 수가 없었다.

9 The treasure is hidden under the box.
→ Hidden under the box is the treasure. (hidden을 형용사로 보고 도치)
상자에 숨겨져 있는 것이 그 보물이다.

10 The poor in spirit are blessed.
→ Blessed are the poor in spirit. (blessed를 형용사로 보고 도치)
축복받는 것은 영적으로 가난한 사람들이다.

PRACTICE ❷

1 At no time were we friends.
→ 우리는 언제나 친구가 아니었다. – S be C → be S C

2 Never has the man seen the beautiful place.
→ 그 남자는 결코 아름다운 장소를 본 적이 없다. – S have p.p → have S p.p

3 Never again would they be separated from each other.
→ 다시는 결코 그들은 서로에게서 떨어지지 않을 것이다. – S 조동사 R → 조동사 S

4 Rarely did the composer hear his works performed.
→ 그 작곡가는 자신의 작품이 연주되는 것을 좀처럼 듣지 못했다. – S 일반동사 → do S R

5 Never again will I make **that mistake**.
  → 다시는 결코 나는 그 실수를 하지 않을 것이
    다. – S 조동사 R → 조동사 S R

6 Hardly did he come **to class on time**.
  → 그는 거의 제시간에 수업에 오지 않았다.
    – S 일반동사 → do S R

7 Little did I realize **how important the meet-
  ing was**.
  → 나는 그 모임이 얼마나 중요했는지를 거의 깨
    닫지 못했다. – S 일반동사 → do S R

8 Seldom have **there** been **houses in the
  place**.
  → 그 장소에는 집이 거의 없었다. – S have p.p
    → have S p.p

9 At no time were **the passengers in any dan-
  ger**.
  → 승객들은 어떠한 위험에도 처한 적이 없었다.
    – S be C → be S C

10 Not until 1940's did the **television broad-
   casting** begin.
   → 1940년대가 되어서야 텔레비전 방송이 시작
     되었다. – S 일반동사 → do S R

궁금증 12

PRACTICE ❶

1 Young adults are as happy as they.
  → 젊은 어른들은 그들만큼 행복하다. (as they
    are happy에서 are happy가 생략된 상태)

2 Young adults behave as politely as they.
  → 젊은 어른들은 그들만큼 공손하게 행동한다.
    (as they behaves politely에서 behaves po-
    litely가 생략된 상태)

3 There is as much money as she has.
  → 그녀가 가지고 있는 것만큼 많은 돈이 있다.
    (as she has money에서 money가 생략된 상태)

4 Young adults are happier than they.
  → 젊은 어른들은 그들보다 행복하다. (than they
    are happy에서 are happy가 생략된 상태)

5 The girls are more beautiful than they.
  → 그 소녀들은 그들보다 더 아름답다. (than they
    are beautiful에서 are beautiful이 생략된 상태)

6 The man behaves more politely than they.
  → 그 남자는 그들보다 더 공손히 행동한다. (than
    they behave politely에서 behave politely가
    생략된 상태)

7 Steam turbines weigh less than piston en-
  gines that produce the same amount of
  power.
  → 증기터빈은 똑같은 힘을 생산하는 피스톤 엔
    진보다 무게가 덜 나간다.

열등비교로 '보다 덜'이라는 뜻의 less가 more 대신
나올 수 있습니다!

8 The new phone system is able to hold far
  more messages than the old phone system.
  → 그 새로운 전화기 시스템은 오래된 전화기 시
    스템보다 훨씬 더 많은 메시지를 보유할 수
    있다.

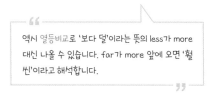

역시 열등비교로 '보다 덜'이라는 뜻의 less가 more
대신 나올 수 있습니다. far가 more 앞에 오면 '훨
씬'이라고 해석합니다.

9 She makes much higher grades than her
  sisters; however, they are still more socia-
  ble than she is.
  → 그녀는 그녀의 여동생보다 훨씬 더 높은 점수
    를 받는다. 하지만 그들은 그녀보다 훨씬 더

사교적이다. (than she is sociable에서 socia-
ble이 생략된 상태)

> 비교급 앞에 far뿐 아니라 much나 still을 써도 '훨
> 씬'이라고 해석됩니다.

10 **Young adults are** the happiest (of all).
→ 젊은 어른들이 모든 사람 가운데 가장 행복
하다.

11 **The girls are** the most **beautiful** (in the class).
→ 그 소녀들은 교실에서 가장 아름답다.

12 **She is** the most **beautiful girl** (that I have
ever met).
→ 그녀는 내가 지금껏 만나 왔던 사람 중 가장
아름다운 소녀다.

> 10~13은 of all, in the class, that I have ever
> met, in the nation이 모두 범위를 한정하고 있어 최
> 상급을 썼습니다!

13 **When completed, the new plant will be** the
largest **facility** (of its kind in the nation).
→ 완성이 되면, 그 새로운 공장은 그 국가에 있
는 같은 종류의 시설들 중 가장 큰 시설일 것
이다.

궁금증을 찾아 떠나고 해결하는 책

여기까지 오느라 고생 많았습니다! 이 책을 처음부터 끝까지 빠짐없이 읽었다면 영문법에 대한 이해도가 조금은 높아지셨으리라 믿어요. 마지막으로 여러분께 솔직한 이야기를 털어 놓으려고 해요. 꼭 읽어 주셨으면 좋겠어요!

사실 이 책을 쓰기로 마음먹으면서 주제를 어떻게 잡아야 할지 정말 고민이 많았습니다. 왜냐하면 지금껏 학생들을 가르치면서 많은 자료를 만들어 봤지만 이렇게 온전히 한 권의 책을 꾸려 본 건 처음이거든요. 그래서 참 어려운 부분이 많았습니다. 만약 독자 여러분이 제 옆에 계신다면 더 쉽게, 훨씬 더 잘 설명할 자신이 있는데 말이죠. 그래도 이 책 사이사이 주제와 관련된 내용을 유튜브로 볼 수 있게 해 두어서 조금 안심이 됩니다. 적극 활용해 주시길 부탁드릴게요!

이 책에서는 너무 깊은 내용은 다루지 않으려고 노력했어요. 이 책의 목적은 "영문법은 그냥 외우는 것이 아니라 이해할 수 있다"는 것을 보여 주고, 스스로 공부하며 세세한 것들을 깨닫게 하자는 거였으니까요. 음, 예를 들면 이런 거예요. 앞서 배운 내용 중에 관계사라는 것이 있었죠? 사실 관계사는 깊게 들어가면 who,

whom, which, that, what은 관계대명사라고 부르고, when, where, why, how는 관계부사, whose는 관계형용사(혹은 소유격 관계대명사)라고 부르는데(여기에 what이랑 which도 관계형용사의 쓰임이 따로 있어서 상황에 따라 사용법이 달라질 수 있어요)……. 어떤가요? 마치 시험공부를 하는 느낌이 들죠? 이렇게 용어 때문에 오히려 더 헷갈리고 영문법에 거부감마저 들게 될까 봐 '이 정도까지만 이해해도 큰 문제는 없겠다' 하는 수준에서 책의 내용을 구성했어요. 하지만 여러분이 공부를 하다가 더 깊이 알고 싶다거나 의문점이 생긴다면 언제든 질문해 주세요. 시간이 되는 대로 성심껏 도와드릴게요.

덧붙이자면 이 책의 목차를 만들 때도 고민이 많았어요. 일반적인 문법책처럼 1. 동사 2. 시제 3. 수동태 4. 조동사 이런 식으로 엮을 수도 있었겠지만, 이 책을 읽는 여러분이 조금이라도 지루하지 않게 느꼈으면 하는 마음에 궁금증을 찾아 떠나고 해결하는 형식으로 구성해 보았답니다.

마지막으로 여러분께 정말 감사하다는 인사를 하고 싶어요. 제가 유튜브에 마지막으로 영상을 올린 지도 꽤 오래되었더라고요. 사실 더 열심히 해야 하는데 본업으로 인해 예전만큼 자주 영상을 올리지 못하고 있어요. 그래도 늘 여러분의 댓글과 응원에 힘을 얻고 있습니다. "선생님 덕분에 영문법이 좋아졌어요" "유튜브 영상 보고 학교 문법 시험 백점 맞았어요" "공무원시험 준비 중인데 정말 도움이 많이 되었습니다" "늦은 나이에 유튜브로 공부하는데 정말 큰 도움이 됩니다" 등등.

이렇게 좋은 기회에 책으로 인사드릴 수 있게 되어서 정말 기쁘고 행복합니다. 언젠가 다시 여러분께 큰 도움을 드릴 수 있는, 더 완성도 높은 책으로 만나 뵐 수 있기를 진심으로 바라며, 앞으로 더욱 노력하는 모습 보여드리겠습니다. 정말 감사합니다!